정치 내전

민주주의를 구하라!

정치 내전
민주주의를 구하라!

초판 1쇄 발행 | 2023년 12월 9일

지은이 | 유창오 **펴낸이** | 이은성 **편집** | 구윤희, 홍순용, 김다연 **디자인** | 파이브에잇
펴낸곳 | 필로소픽 **주소** | 서울시 종로구 창덕궁길 29-38, 4-5층 **전화** | (02) 883-9774
팩스 | (02) 883-3496 **이메일** | philosophik@naver.com **등록번호** | 제2021-000133호

ISBN 979-11-5783-325-2 03300

필로소픽은 푸른커뮤니케이션의 출판 브랜드입니다.

유창오 지음

민주주의를 구하라!

정치내전

P 필로소픽

사실이 바뀌면

저는 생각을 바꿉니다.

선생님께서는 어떠신가요?

-존 메이너드 케인스-

추천사

— 최장집 • 고려대학교 명예교수

거대한 촛불시위 이후 우리가 직면하는 민주주의에 대한 도전은 1980년대 한국이 이룩한 민주화보다 민주주의적으로 운영하고 실현하는 문제가 더 어렵다는 사실을 깨닫게 한다. 정당정치를 통한 민주주의의 구체적 실현은, 세 가지 차원에서의 노력을 동시에 필요로 한다.

하나는 정치결사체로서의 정당이 얼마나 다양한 사회적 요구, 시민들의 의사와 가치를 제대로 대변하느냐 하는 것이다. 다른 하나는 집행부의 수장인 대통령과 입법부의 정당들이 상호 간에 자기 권력을 절제하면서, 경쟁 관계에 있는 정당들을 존중하고 인정하는 것이다.

그리고 마지막으로 오늘의 한국 민주주의의 위기 상황에서 이 평자가 가장 중요하다고 믿는 것은, 시민사회의 건강한 성장과 공론장의 역할이다. 시민사회가 상호 간의 혐오와 상대에 대한 적의를 분출해 내는 분노의 공간이 아니라, 다원주의적 가치와 이익, 그리고 이성적 열정이 존중되는 민주주의의 사회적 기반으로서의 역할을 갖는 문제일 것이다.

책의 저자 유창오는 위에서 평자가 말한 세 영역, 정당정치와 입법부에서만이 아니라, 집행부의 총괄 부서(국무총리실)에서 정치가 실제로 작동했던 정치현실을 직접 체험한 한국 정치의 연구자이다. 현실정치의 경험을 갖는 그는, 직업적인 정치학자도 하기 힘든 민주주의와 정당정치의 고전을 광범하게 읽고, 정치이론을 깊이 학습한 희귀한 정치학자이기도 하다.

그의 저서 《정치 내전: 민주주의를 구하라》는 정치적 편견에 기울지 않고 내용의 깊이를 가지면서도, 일반 독자들도 쉽게 이해할 수 있는 수준 높은 책이다. 오늘의 한국 정치 위기의 근원과 현상을 이해하고, 무엇이 현재의 위기를 넘어 한국 민주주의를 건강하게 발전시킬 수 있는가에 관심을 갖는 독자들에게 이 책을 추천하고 싶다.

— **이해찬 • 더불어민주당 전 대표**

저자는 세상의 아픔을 자신의 아픔처럼 여기는 따뜻한 사람입니다. 서울대에서 학생운동을 할 때도, 정치권에 들어와 25년 동안 국회 · 정당 · 선거 캠프 · 연구소 · 정부 · 공공기관의 최일선에서 일할 때도 변함없었습니다.

그가 이번 책에서 한국과 세계가 직면한 민주주의 위기를 정면으로 탐구했습니다. 수준 높은 정치철학적 분석까지 담고 있습니다. 세상에 대한 순수한 열정이 없으면, 문제의식과 현실감각을 고루 갖추지 않으면 못할 일입니다. 책도 좋지만, 나는 무엇보다 저자를 추천하고 싶습니다.

— **이재명 • 더불어민주당 대표**

나라가 안팎으로 혼란스럽습니다. 경제는 얼어붙었고, 민생은 어렵습니다. 민주주의는 후퇴하고, 언론자유도 억압받고 있습니다.

이 책에는 저자가 25년의 경험을 바탕으로 쓴 민주주의 위기에 대한 진단과 철학이 있는 분석이 담겨있습니다. 민주주의와 독재의 갈림길에서 우리 국민들이 어떤 선택을 해야 할지 안내하는 이정표 역할을 하길 바라며, 주권자 국민 여러분의 일독을 권합니다.

— 성한용 • 한겨레신문 선임기자

정치는 축구와 닮았다. 관전하고 해설하기는 쉽지만 직접 하기는 무척 어렵다. 저자는 일급 정치참모로 오랫동안 현장을 뛴 사람이다. 이론과 경험을 함께 갖춘 정치 전문가는 드물다. 그런 전문가만이 알 수 있는 정치의 비밀을 쉽고 재미있게 풀어 놓았다. 정치를 제대로 알고 싶으면 이 책을 읽어야 한다. 읽지 않으면 후회할 것이다.

차례

들어가며

대한민국 국민은 때로 매우 반정치적으로 보이지만 사실은 대단히 정치적인 사람들이다. 무엇보다 권력을 무서워하지 않는다. 국민이 권력 위에 있음을 체감하고 있다. 그래서 권력이 조금이라도 오만해지면 가차없이 심판하는 사람들이 우리 국민이다. 장삼이사 누구나 정치에 대해 자기 의견을 가지고 있고, 또 정치에 대한 자기 생각을 말한다. 아무런 거리낌이 없다. 그런 곳이 바로 대한민국이다.

그것은 민주주의 때문이다. 민주주의에 대한 가장 쉽고 명쾌한 정의는 '국민이 권력을 해고할 수 있는 시스템'인데 우리 국민들은 그것을 체화했다. 1987년 대통령 직선제가 이루어져

민주주의가 부활한 지 36년, 1997년 최초의 평화적이고 수평적인 정권 교체가 이루어져서 실질적인 민주주의 국가가 된 지 26년, 이제 대한민국은 정치 선진국이 되었다. 그 힘으로 중진국 함정을 넘어서 경제적으로도 선진국이 되었다.

우리 국민들은 민주주의가 성숙하는 과정을 겪으면서 정치적 효능감을 느끼게 되었다. 그리고 민주정치의 규칙을 요구한다. 아마도 그 규칙의 첫 번째는 권력이 국민 눈치를 봐야지, 국민이 권력 눈치를 보지 않겠다는 국민의 '권력의지'일 것이다. 또한 대통령과 집권당이 국민 통합을 위해 노력해야 한다는 것도 민주정치의 규칙에 포함된다. 이런 것들을 국민들이 요구하기 때문에 정당도, 정치인도 그 규칙에 따라야 한다. 거기에는 예외가 없다.

그런데 윤석열 대통령은 민주화 이후 최초로 정치적 경험이 전혀 없이 당선되었다. 그래서인지 최소한의 정치적 문법도 지키지 않는다. 모르면 배워야 할 텐데 그러지도 않는 것 같다. 정치를 너무 우습게 안다. 정치를 우습게 아는 것은 국민을 우습게 여기는 것과 같은 의미라는 것도 모르는 것 같다. 지금 윤석열 정부의 주역들은 구시대적인 사고로 나라를 과거로 후퇴시키면서도 자신들이 얼마나 잘못하고 있는지를 모르는 것 같다. 이 책을 쓰는 내내 정치의 문법, 민주주의의 원칙이 복원되어야 한다는 절박한 심정이었다.

나는 지난 25년의 세월을 넓은 의미의 정치권에서 보냈다. 공공 영역이라고 할 수도 있고, 정치권이라고 할 수도 있는 곳에서 경험할 수 있는 거의 모든 것을 경험했다. 국회의원 보좌관, 각종 선거 캠프, 정책 연구소, 여론조사 기관, 민주당 당직자, 정부 공무원, 공공 기관 임원 등 많은 분야의 일을 했고, 여러 분야의 사람들을 만났다. 관련된 책과 자료를 꾸준히 읽어 왔다.

그렇게 일했던 곳은 조금씩 달랐어도 결국은 민주당과 관련된 것이기에 나를 소개할 때면, '넓은 의미의 민주당'에서 일한다고 말한다. 또한 내 정체성을 한마디로 정의한다면 '대한민국 민주당의 대표 실무자이자 전문가'라고 생각한다.

그 긴 세월 중에 나에게 꿈같은 외출, 마치 소풍 같은 시절이 있었으니 2년 8개월 동안 ㈜공영홈쇼핑에서 상임감사로 일한 시간이다. 세상 어디에도 싸움 없는 곳은 없듯 그곳에도 싸움은 있었다. 그래도 전에 경험했던 싸움보다는 그 강도가 약했다. 무엇보다 정치 한복판과는 싸움의 종류가 달랐다. 경쟁 업체보다 상품을 더 많이 팔기 위한 싸움, 특히 중소기업 상품과 국내산 농축수산물을 더 많이 팔기 위한 싸움이었다. 그렇게 팔아서 중소기업과 농어민에게 도움이 될 수 있도록 주어진 소임을 열심히 수행하기 위해 노력했다.

그러면서도 잠시 떠나온 정치권을 꾸준히 살펴보면서 연구하는 노력을 멈추지 않았다. 밖에서 보면 안에서는 보이지 않던 것이 보인다고 하지 않던가? 지난 2년 8개월의 시간이 그랬다.

더구나 장사를 하다 보니 과거 광고PD를 했을 때처럼 더욱 현실적인 생각을 하게 되고, 정치를 다르게 볼 수 있게 되었다. 한 발 정도 떨어져서 보는 정치, 그것은 회사가 상암동에 있었으니, 상암동과 여의도 정도의 거리에서 바라보는 정치였다.

나는 그동안 두 권의 정치 관련 책을 썼다. 2011년에는 《진보 세대가 지배한다》를, 2016년에는 《정치의 귀환》을 냈다. 《진보 세대가 지배한다》는 부제가 '2040세대의 다수파 선언'이다. 한국 정치의 구도가 지역 구도에서 세대 구도로 바뀌고 그 과정에서 진보 진영은 영원한 소수파에서 다수파로 바뀔 수 있는 기회를 갖게 될 것이라고 주장하는 책이었다. 부제가 '야당, 갈등을 지배하라!'인 《정치의 귀환》에서는 당시 야당이었던 민주당에게 갈등을 구획하고 지배하는 것을 통해 집권으로 갈 수 있다고 제안했다.

두 책의 주장은 당시로서는 파격적이었는데, 생각보다 금방 현실이 되었다. 두 권의 책을 4년 간격으로 냈고, 2020년에도 썼어야 했는데 그러지 못했다. 당시는 이해찬 당대표 부비서실장으로 일하면서 선거를 지원하고 있어서 쓸 시간도 없었고, 직접 선거에 관여하는 당사자라 책을 낼 입장도 아니었다.

그래서 공영홈쇼핑 상임감사로 일을 시작하면서 임기가 끝날 무렵 징치 관련 책을 새로 내야겠다고 생각했고 조금씩 준비를 해왔다. 새로운 책은 이전의 책들과는 다르게 쓰고 싶었고, 그래서 나름의 기준을 세웠다.

첫째, 이번 책에서는 가능하면 좀 더 객관적이고, 중립적으로 정치에 접근하고 싶었다. 앞의 책 두 권은 모두 민주당의 전략가 내지 이론가의 입장에서 민주당이 어떻게 다수파가 되고 선거에서 승리해 집권할 것인가를 탐구한 책이다. 그러니 당연히 당파적 내용일 수밖에 없었다. 물론 그것도 나름의 가치가 있다. 하지만 이번 책은 시민 누구나 재미있게 읽을 수 있는 정치 교양서로 쓰고 싶었다. 정치를 객관적으로 보는 것은 일반 시민에게도 매우 중요하다고 생각한다. 민주주의 국가에서 정치는 삶에서 매우 커다란 부분이고, 정치를 있는 그대로 이해하는 것은 모든 시민들에게 살아가는 데 큰 힘이 될 수 있기 때문이다. 그래서 나는 누구에게나 도움이 되고, 삶에 힘을 주고, 무기가 될 수 있는, 정말 쉬우면서도 수준 있는 정치 교양서를 쓰고 싶었다. 부족하지만 조금이라도 도움이 되면 좋겠다.

둘째, 세계적 현안의 정치 문제를 다루고 싶었다. 그래서 한국의 정치 현실을 단순히 한국적 시각에서가 아니라 전 세계적인 시각에서 분석하고 싶었다. 그래야 객관적이고 현실적인 진단이 가능하다고 생각했기 때문이다.

지금 한국뿐만 아니라 전 세계 정치에서 공통적으로 나타나는 현상은 거의 정치 내전political civil war 수준의 정치적 갈등과 교착 상태다. 그로 인한 민주주의의 위기 상황 역시 거의 전 세계에서 볼 수 있는 보편적 현상이다. 많은 사람들이 한국 정치를 걱정하는데 이는 세계적 현상인 것이다.

보통 전쟁은 국가 간의 전쟁인데, 내전은 한 국가 내에서 일어난다. 내전의 사전적 의미는 '정치권력 획득을 위해 같은 나라 안에서 벌어지는 두 집단의 전쟁 내지 무력투쟁'이다. 미국의 남북전쟁, 중국의 국공 내전, 캄보디아 내전, 르완다 내전 등의 역사적 사례가 있고, 시리아 내전은 13년째 계속되고 있다.

그렇다면 정치 내전은 무엇일까? 나는 이 책을 쓰면서 그 개념을 나름 정리했다. 정치란 대화와 타협, 조정과 협상으로 이루어져야 한다. 그런데 지금 세계 정치의 현실을 보면, 그런 것들은 사라지고 오로지 상대를 적이나 타도의 대상으로 간주하고 거의 내전 수준으로 격렬하게 싸우고 있다. 나는 이 책에서 바로 이런 현상을 지칭하는 개념으로 정치 내전이라는 용어를 사용했다.

지난 30~40년 간 세계를 지배해 온 자유주의 세계체제는 세계화된 자본주의 경제체제와 일국 차원에서의 자유민주주의 전성시대라는 삼위일체의 시스템을 만들었고, 승승장구했다. 그런데 지금 그 체제가 무너지면서 다양한 방식으로 세상에 위기를 쏟아내고 있다.

자유주의 세계체제의 붕괴는 러시아와 우크라이나, 이스라엘과 하마스 사이의 전쟁을 촉발했고, 세계화된 자본주의 경제체제의 위기는 미국과 중국의 무역 갈등으로 세계를 다시 둘로 나누고 있으며, 일국 차원의 자유민주주의의 위기는 전 세계적인 정치 내전으로 분출되고 있다. 나는 이 책을 통해 그 원인과 해결 방안을 심도 있게 분석해 보려 한다.

셋째, 도덕적 설교보다는 현실적 이해득실을 중심으로 사태를 분석하고 설명하려 했다. 나는 마키아벨리를 좋아하는데, 그는 기독교적이고 도덕적인 정치학을 현실의 정치학으로 바꾼 사람이다. 이 책을 쓰면서 내가 가진 문제의식을 명제로 정리하면 '가장 현실적인 것이 가장 진실에 가깝다'는 것이다.

도덕적 접근이나 이상적인 접근은 개나 줘 버리자는 심정으로 정치에 접근했다. 왜냐면 지난 30~40년 동안 한반도를 비롯해 전 세계를 지배해 온 패러다임이 완전히 바뀌고 있는 지금, 가장 현실적이지 않으면 아무런 의미도, 소용도 없다고 생각했기 때문이다. 이럴 때일수록 가장 현실적이어야 하고, '상인적 현실감각'을 극한까지 밀고 가는 것이 필요하다는 게 내 생각이다.

나는 현실적이기 위해서는 고집을 버려야 한다고 생각한다. 그동안 열심히 장사를 하면서, 내가 깨달은 '상인적 현실감각'의 핵심은 그것이다. 서생들은 쓸데없이 고집이 세다. 어리석은 먹물들은 세상이 바뀌는데 현실은 보지 않고 귀 막고 눈 감고 '내가 옳다'를 되뇐다. 그것은 바보짓이다. 케인스는 이런 말을 한 적이 있다. "사실이 바뀌면 저는 생각을 바꿉니다. 선생님께서는 어떠신가요?" 만일 그런 질문을 받는다면 나는 쉽게 답할 수 있다. "저도 그렇습니다." 사실이 바뀌면 당연히 생각을 바꿔야 한다. 이 책은 그런 책이다.

그래서 정치를 현실주의적으로 해석하는 학자들의 주장을

많이 소개했다. 이에 대해 관심이 많은 독자들은 특히 3장을 유심히 읽기 바란다. 그리고 내가 앞서 쓴 두 권의 책이 그러했듯이 이 책의 주장도 조만간 실현되기를 기대한다. 나는 분명히 그렇게 될 것이라 믿는다. 왜냐면 이 책의 주장은 이념도, 소신도 아니고, 현실 자체이기 때문이다.

아마 이 책을 끝까지 읽으면 이 책의 주장과 《정치의 귀환》의 주장이 다른 게 아니냐고 지적할 수도 있다. 그렇다. 좀 다르다. 그래서 이 책의 맨 앞에 케인스의 말을 올렸다. 어쩌면 그 말이 이 책의 주제일 수도 있다고 생각한다. 그리고 상황이 바뀌면 생각을 바꾸는 것이야말로 민주당의 정신이라고 생각한다. 김대중 전 대통령의 '실사구시' 정신도, 노무현 전 대통령의 '실용주의' 정신도 그런 맥락이었다.

넷째, 나는 이 책에서 정치의 본질과 인간의 본성이라는 정치철학의 가장 본질적인 부분에까지 접근하고자 했다. 위에서 언급한 현재의 세계적인 상황은 단순한 접근이 아니라 근본적인 고민을 요구한다. 정치의 본질과 인간의 본성에까지 천착하는 것을 피할 수 없게 한다.

2부에서 자세히 살펴보겠지만 나는 사회계약론에 근거하고 있는 주류 자유주의 정치이론을 부정한다. 그들이 전제하는 개별자로서의 인간은 인류가 역사를 통해서 발명해 낸 개념일 뿐이다. 물론 그것이 인간의 이상이고 추구해야 할 바이기는 하지만, 인간의 본성은 아니다. 부족주의라고 표현할 수도 있는 집단성과 배타성이 인간의 본성이다. 그것을 부정할 수는 없다. 그것이 현실이다.

그러나 나는 또한 개인을 이상으로 생각하는 자유주의 정치이론에 근거해 만들어진 자유주의 정치경제 시스템이 제대로 작동하기만 한다면 부족주의의 위험성을 극복할 수 있다고 생각한다.

인간은 모순적 존재다. 전혀 다른 성향을 함께 가지고 있는 것이 인간이다. 모순적인 인간들이 하는 정치도 당연히 모순적일 수밖에 없다. 오히려 나는 인간 존재의 모순성이야말로 정치가 존재하는 이유이고, 존재해야 하는 이유라고 생각한다.

나는 정치권에서 일하면서 주로 메시지를 담당했다. 광고PD와 방송PD 출신이다 보니 자연스럽게 그렇게 되었다. 그래서 문재인 대통령 후보, 이낙연 국무총리, 이해찬 민주당 대표의 메시지를 담당했다. 영광스러운 일이었고 많은 것을 배웠다. 그런 분들의 메시지를 담당하면서 많은 정치철학 관련 책들을 읽었다. 철학을 전공해 원래 관심이 많았고 업무상 필요하기도 했던 까닭인데, 정치철학 책을 읽다 보니 경제학, 진화생물학, 고고학, 인류학, 인문학 등 여러 분야의 책들도 읽게 되었다. 정치가 인간 삶의 전 영역과 관련되기 때문에 자연스러운 흐름이었다.

그 과정에서 정치의 본질과 인간의 본성에 대한 고민을 많이 했는데 그 내용 일부를 이 책에 담았다. 그러다 보니 자연스레 정치철학, 정치이론, 현실정치 분석에 대한 소개뿐 아니라, 다양한 책들도 소개하게 되었다. 얇은 책이지만 이 책을 읽으면서 시간적으로는 길게, 공간적으로는 넓게 여행할 수 있기를 바란다. 아울러 이 책을 정치철학에 대한 탐구이자 인간 본성에 대한 고민을 정리한 책으로 이해해 주면 고맙겠다.

가능한 한 군더더기 없이 간략하게 썼다. 잘 이해되는 책이면 좋겠다. 내 고민이 녹아 있는 책인 만큼, 내 고민이 여러 사람들에게 공유되면 더 바랄 게 없겠다. 그럼 독자 여러분, 함께 여행을 시작하시죠.

1부

정치 내전, 민주주의는 붕괴되는가?

1장

정치 내전에 휩싸인 세계, 그리고 한국

●

지금 전 세계 각국은 민주주의의 후퇴라는 위기에 직면해 있다. 헝가리, 폴란드, 브라질, 튀르키예, 필리핀처럼 민주주의에 새로 진입한 민주주의 신흥국뿐만 아니라 미국이나 이스라엘처럼 이미 민주주의가 성숙했다고 평가되는 민주주의 선진국마저 그렇다. 과연 민주주의가 지속 가능한지, 이대로 무너질지에 대한 걱정과 의문이 제기되고 있다. 민주주의의 위기를 상징적으로 보여주는 현상은 바로 심각한 수준의 정치적 갈등이다. 정치적 교착 상태가 너무도 심해서 세계 각국에서 사실상 '정치적 내전'이 벌어지고 있다고 경고되는 실정이다.

정치가 국민을 걱정하는 것이 아니라 국민이 정치를 걱정하는 것은 한국만의 상황이 아니라 세계적인 현상이다. 아니, 많은 나라들의 상황이 한국과는 비교할 수 없을 정도로 심각하다. 사람들은 민주주의가 갈수록 발전하고 확장될 것이라 믿었지만, 현실은 그렇지 못하다.

정치 내전이 초래한 국방 공백이 전쟁으로 비화된 이스라엘

2023년 가을, 전 세계의 이목은 이스라엘에 향했다. 10월 7일 하마스의 이스라엘 침공으로 이스라엘과 하마스 간에 전쟁이 일어났기 때문이다. 비록 하마스가 먼저 침공한 것이 전쟁의 시작이지만, 그 전부터 이스라엘의 베냐민 네타냐후 총리가 이끄는 연립정부가 팔레스타인에 대한 강경책을 실시해서 팔레스타인 주민들의 불만이 고조된 상황이었다. 또한 이스라엘의 정치적 혼돈은 하마스의 도발이 가능할 정도로 방위 태세의 약화를 초래하기도 했다.

연립정부의 유대교 원리주의자들은 팔레스타인과의 공존을 거부하고 유대 원리주의 이스라엘을 추구한다. 이런 입장이다 보니 전쟁이 시작된 후 갈수록 상황이 악화되고 있다. 하마스의 기습공격은 분명히 잘못된 일이고, 이스라엘의 자위권은 분명히 인정받을 수 있다. 하지만 이스라엘의 가자 지구에 대한 무차별 공격은 국제적인 지탄을 받고 있다.

버락 오바마 전 미국 대통령은 "인명 손실을 무시하는 어떠한 이스라엘의 군사전략도 결국에는 역풍을 맞을 수 있다"면서 "이미 수천 명의 팔레스타인 주민이 가자 폭격으로 사망했고, 그들 중 다수가 어린이다. 수십만 명이 강제로 집을 떠났다"라고 지적했다.

이번 하마스의 기습을 보면서 전문가들이 놀라는 점은 그동안 이스라엘이 자랑해 온 3대 정보 커뮤니티(모사드, 신베트, 아만)의 정보 실패다. 그렇게 정보력을 자랑해 놓고는 어떻게 하마스의 기습을 사전에 모를 수 있었느냐는 것이다. 이에 대한 유력한 해석은 내전 수준의 정치 갈등으로 인해 이스라엘의 군 간부와 고위 공직자들이 사임하고, 항의하는 상황이 지속되다 보니 국방 태세가 심각하게 약화되었다는 것이다. 네타냐후가 요아브 갈란트 국방부 장관을 경질했다가 번복한 파동은 그 대표적 예라고 할 수 있다.

원리주의 극우 내각이 초래한 이스라엘 정치 내전

전쟁이 일어나기 두 달 전인 8월에는 이스라엘 집권 여당이 사법부의 권한을 축소하는 법안을 의회에서 통과시켰다. 대법원이 사법심사를 통해 합리적인 범위를 벗어나는 행정부의 결정을 뒤집을 수 없게 되어, 정부의 독주를 최종적으로 견제할 길이 사라진 것이다. 이에 주요 도시에서 시위가 일어났다.

거리에는 '우리는 독재자를 섬기지 않는다', '네타냐후로부터 이스라엘을 구하라'라는 문구가 적힌 스티커가 붙었고, 어떤 이는 북한 인공기를 들고 시위에 참석했다. 김정은 북한 국무위원장과 네타냐후 총리의 얼굴을 합성한 사진도 나왔다. 이 시위를 두고 이스라엘의 전 총리는 "심각한 위험이고 전례가 없다"며 "우리는 지금 내전으로 들어가고 있다"고 경고했다. 이스라엘에서 '정치 내전'이 경고된 것이다.

이스라엘은 의원내각제와 비례대표제를 채택하고 있다. 지역구 선거 없이 전국적 정당명부 비례대표로 120명을 선출한다. 득표율 3.25%만 넘으면 득표율에 따라 의석을 배정받는다. 이런 제도 하에서는 다당제가 불가피한데, 이스라엘의 경우에는 그 정도가 너무 심해서 2022년 총선에서는 무려 10개 정당이 의석을 배정받았고, 그중 8개 정당이 10석 내외의 소수 의석을 배정받았다.

이렇게 정당이 과도하게 많고, 의석수가 잘게 나뉘면 과반을 확보해야 하는 연립정부 구성이 어렵게 된다. 이런 정치적 교착 상태는 이스라엘 정치의 고질병이 되었다. 2022년 11월 총선에서 네타냐후가 이끄는 리쿠드당은 32석을 차지해 제1당이 됐고, 유대교 근본주의 성향의 작은 정당 5개를 끌어 모아서 64석 규모의 집권 여당을 구성했다.

네타냐후 총리가 이끄는 이스라엘 여권 연정이 야권과 시민들의 반대를 무릅쓰고 대법원의 권한을 축소하는 법안을 통과시킨 이유는 연정 구성을 위한 협상에서 유대교 원리주의 정당들의 요구를 수용했기 때문이다.

이스라엘에서는 법원도, 군대도, 경제계도, 기술계도 대부분 세속주의자로 이루어졌다. 그들이 실질적으로 나라를 이끈다. 유대교 원리주의자들은 종교 교리 공부만 할 뿐 군대도 가지 않고, 경제활동도 덜 한다. 세속주의자들은 대체로 합리적이고 포용적이다. 서구적 합리성과 개인주의에 친숙하고, 팔레스타인에 대해서도 포용적이다. 그런 세속주의자들이 이끄는 대법원이 팔레스타인을 쫓아내려는 유대 원리주의자들의 극단적인 법안들을 사법 심사를 통해 막아 왔는데, 이에 불만을 품은 유대 원리주의자들이 대법원의 권한을 제한했다.

네타냐후가 이끄는 연정이 정부를 구성하기 위해 유대 원리주의와 결합하고, 이에 저항하는 야권이 세속주의자들로 구성된 법원, 군대, 경제계, 기술계를 대변하면서 내전 수준의 갈등이 폭발한 것이다.

그런데 왜 다당제와 비례대표제 국가에서 정치 내전이 벌어졌을까? 정치 갈등은 승자독식이라고 하는 양당제, 소선거구제, 대통령제에서 극심한 것 아닌가? 7장에서 자세히 살펴보겠지만, 정치 내전은 양당제 탓이 아니다. 극단적 정치 세력 때문이다. 그리고 비례대표제는 극단적 정치 세력에게 의석을 보장하는 경향이 강하다.

민주주의 후퇴와 정치 내전, 세계의 판이 바뀌고 있다

이스라엘에서 벌어진 수준의 정치적 갈등과 교착 상태, 그로 인한 민주주의의 위기 상황은 어느 한 나라만의 문제가 아니다. 이는 전 세계에서 일어나고 있는 거의 보편적인 현상이다. 1991년 소련을 비롯한 공산주의 진영이 무너지고 자유민주주의가 전 세계적으로 지배적인 체제가 되었다는 점을 생각해 보면, 이는 놀라운 일이다. 소련 붕괴 이후 지난 30년간 자유민주주의 정치체제는 동유럽이나 남미처럼 오랜 독재 국가에도 확산되었고, 아시아와 아프리카 전역에도 퍼져나갔다. 일부에서는 불평등을 만드는 신자유주의라고 비판하기도 했지만, 안정적인 그 질서는 오래갈 것 같았다.

그러나 지금 세계는 판도가 바뀌고 있다. 그것이 어떤 세상으로 인류를 이끌지는 분명하지 않지만, 지금 세계 각국이 심각한 정치적 분쟁에 휩싸여 있는 것만은 분명하다. 민주주의의 위기, 자유주의와 세계화의 후퇴가 곳곳에서 발생하고 있다.

무엇보다 포퓰리스트 내지 권위주의적 지도자가 민주주의 제도인 선거를 통해 집권한 후 자신에게 권력을 부여한 자유민주주의 제도를 훼손하는 일이 다반사로 발생하고 있다. 헝가리의 빅토르 오르반, 폴란드의 야로스와프 카친스키, 브라질의 자이르 보우소나루, 튀르키예의 레제프 타이이프 에르도안, 그리고 미국의 도널드 트럼프 등이 그런 사례이다.

프리덤 하우스에 따르면 전 세계적으로 정치적 권리와 시민적 자유는 1974년부터 2000년대 초반까지 약 30년간은 증대했다. 그러나 소위 민주적 후퇴 또는 침체 속에서 2000년대 초반부터 2021년에 이르기까지 15년 동안은 줄곧 내리막길을 걸었다. 확립된 자유민주주의 체제에서 즉각적인 공격을 받는 것 역시 자유주의 제도다.

앞서 언급한 포퓰리스트 내지 권위주의적 지도자들은 모두 정당한 절차로 당선되었지만 그들은 자신이 받은 민주적 권력을 자유주의 제도를 공격하는 데 사용했다. 법원과 사법체계, 비당파적 국가 관료제, 독립적인 언론, 그리고 견제와 균형의 체계에 입각해 행정 권력을 제한하는 여타 기관들을 공격했다. 대표적인 예가 헝가리의 오르반이다. 그는 지지 세력들을 법관으로 임명하고, 상당수의 미디어를 동맹 세력의 통제하에 두는 데 꽤 성공적이었다. 그리고 이는 이들 권위주의적 지도자들이 바라는 바였다.

국가신용등급 하락, 하원의장 최초 해임 : 미국의 심각한 정치 갈등

지금 전 세계에서 가장 정치 내전의 우려가 높은 나라는 그동안 민주주의의 본산으로 자부해 왔던 나라, 미국이다. 트럼프 전 대통령은 앞서 언급한 포퓰리스트 내지 권위주의적 지도자들과 마찬가지로 자유주의 제도를 공격했다. 비록 법무부, 정보기관, 법원과 같은 제도를 약화하는 데는 덜 성공적이었지만, 그의 의도는 거의 헝가리의 오르반과 같았다.

2023년 8월, 미국은 극심한 정치 갈등 때문에 국가신용등급이 강등되는 치욕을 겪었다. 신용평가회사 피치는 미국의 국가신용등급을 강등하면서, 그 배경으로 미 연방정부의 부채 한도 증액 문제를 둘러싼 정치권 갈등, 재정 악화, 국가채무 부담 등을 꼽았다. 2023년에 경제만 보면, 전 세계에서 유일하게 선전한 나라인 미국이 정치 때문에, 그것도 정치 갈등 때문에 신용등급이 강등된 것이다. 이런 상황에서도 미국의 정치권은 서로에게 책임을 떠넘기는 정치 공세만을 이어갔다. 하기는, 쉽게 자성하고 타협을 이뤘다면 그로 인해 신용등급이 강등되는 일도 없었을 것이다. 바이든 대선 캠프 대변인은 이번 강등을 '트럼프 강등'으로 지칭했고, 공화당도 마찬가지의 정치 공세를 이어갔다.

10월에는 미국 의회 역사상 처음으로 대통령과 부통령 다음으로 권력 서열 3위인 하원의장 해임 결의안이 통과되는 일이 벌어졌다. 미국 하원이 케빈 매카시 하원의장에 대한 해임 결의안을 가결 처리한 것이다. 미 하원의 다수당을 차지하고 있는 공화당의 강경파들이 주도해서 공화당 소속의 하원의장을 해임한 황당한 일이 벌어지고 만 것이다.

미국 의회는 회계연도가 시작하는 10월 1일 이전에 연방 정부 예산안을 처리해야 하지만, 공화당 강경파가 대폭적인 예산 삭감 주장을 굽히지 않으면서 논의가 교착 상태를 벗어나지 못했다. 셧다운(연방정부 기능 마비)이 코앞까지 다가온 상황에서 매카시 의장이 임시 예산 처리에 나서며 일단 정부 셧다운 상황은 피했다. 그러자 같은 당 강경파 의원들은 이에 대해 노골적으로 불만을 제기하며 해임 결의안 추진에 나섰고, 결국 매카시 의장은 불신임당한 최초의 하원의장이라는 불명예를 안고 하원의장 자리에서 물러났다.

과거 미국 정치는 양당제의 장점인 중도 수렴이 잘 작동하는 시스템으로 알려져 있었다. 1940년에서 1980년까지의 정치가 그랬고, 특히 1950년대와 1960년대에는 더욱 그랬다. 키스 풀Keith T. Poole과 하워드 로젠털Howard Rosenthal은 국회의원들의 성향이 어떻게 중도 수렴되는지를 알아보기 위해 '소수당 중복도'와 '다수당을 지지한 소수당원'라는 개념을 도입해 조사했다. 그 결과 1950~60년대에는 그 이전이나 이후에 비해 공화당과 민주당 간에 이념적으로 큰 차이가 없었던 것으로 나타났다.

'소수당 중복도'는 쉽게 말해, 민주당이 의회를 장악했을 때 가장 보수적인 민주당 의원보다 더 진보적인 공화당 의원들의 수, 또는 공화당이 의회를 장악했을 때 가장 진보적인 공화당 의원보다 더 보수적인 민주당 의원들의 수를 의미한다. 다음 표에서 볼 수 있는 것처럼 1957~58년에 그 수는 무려 112명에 달했다.

구분	소수당 중복도	다수당을 지지한 소수당원
70대 국회, 1927-29	2	0
85대 국회, 1957-58	112	9
108대 국회, 2003-04	0	0

미국 민주당과 공화당의 유사점 비교 (출처: 폴 크루그먼, 《미래를 말하다》(현대경제연구원, 2008), 102쪽)

'다수당을 지지한 소수당원'은 정치적 이슈에 대해 다수당과 같은 의견을 가진 소수당 의원들의 수로 이 역시 1957~58년에 9명이었다. 이 두 조사 결과는 이 시기에 미국 정치가 중도 수렴했고, 민주당과 공화당의 차이가 별로 없었다는 것을 분명히 보여준다.

미국, 민주주의의 본산에서 정치 내전의 상징으로

그러나 지금 미국은 정치 내전이 우려될 만큼 민주당과 공화당 사이의 갈등이 심각하고, 미국 국민들 사이의 분열과 대립 또한 심각하다. 공화당 지지자들 사이에서 트럼프라는 극단적 지도자가 대세를 형성하면서 극단 세력이 공화당을 장악한 것이 가장 큰 원인이다. 여기에 버니 샌더스처럼 스스로 사회주의라고 주장하는 사람들이 일정한 지지세를 형성한 것도 정치 갈등 심화의 한 요소가 되고 있다.

2010년 저명 과학 잡지 《네이처Nature》에 놀라운 논문이 발표되었다. 코네티컷대학교 피터 터친 교수가 지난 200년 동안 100명 이상이 참가한 미국 내 시위 사태를 분석해 '정치 스트레스 지수'로 요약해 발표한 것이다. 정치 스트레스 지수의 변화 추이는 다음의 그래프와 같다.

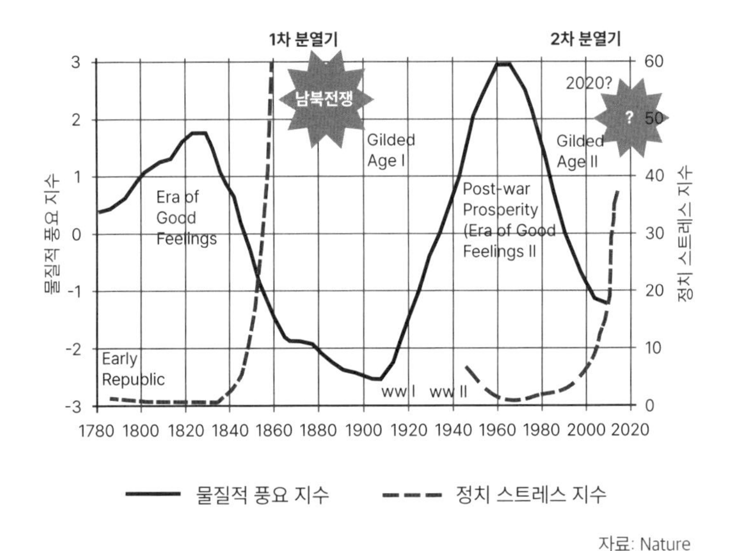

미국 정치 스트레스 지수 추이 (출처: 김정호, 《킹달러의 미래》(북오션, 2023), 271쪽)

그래프에서 볼 수 있듯이 '물질적 풍요 지수'와 '정치 스트레스 지수'는 역의 상관관계를 보여주고 있다. 한쪽 지수가 올라가면 다른 지수는 내려가는 것이다. 그래프를 보면, 지난 200년 동안 '물질적 풍요 지수'가 높았던 시기가 두 번 있었는데, 첫 번째 시기는 1800~1840년이었고, 두 번째 시기는 1940~1980년이었다. 이 시기에는 정치 스트레스 지수가 아주 낮았다. 한마디로 좋았던 시절이다.

그런데 물질적 풍요 지수가 하락하고 정치 스트레스 지수가 급격히 올라간 시기 역시 두 번 있었다. 첫 번째가 1840~1860년이었고, 두 번째가 바로 지금 2000년 이후다. 1840년 이후 급격히 높아진 정치 스트레스는 1861년 남북전쟁으로 폭발했다. 터친 교수는 2010년에 이 논문을 발표하면서 2020년에 다시 커다란 소요가 발생할 것으로 예측했는데, 그것이 점차 현실이 되고 있다.

터친 교수는 심각한 수준에 달한 정치 스트레스가 결국은 내전으로 번질 수도 있다고 예측했다. 현재 미국은 군사적 내전이 발발한 것은 아니지만 민주당과 공화당 간의 정치적 갈등이 거의 내전 수준에 이르렀다고 할 수 있는데, 이런 상황을 터친 교수가 13년 전에 예측했던 것이다. 민주주의의 본산 미국이 이제는 정치 내전을 상징하는 국가로 몰락하고 있다.

한국 정치의 현실도 예외는 아니다

전 세계적으로 나타나는 심각한 민주주의의 위기, 정치적 내전 수준의 갈등은 안타깝게도 대한민국 역시 예외가 아니다. 2022

년 대선 이후 대한민국 정치의 갈등 상황은 심각한 수준이다. 많은 사람들이 우리나라 정치 갈등이 역사상 최고 수준에 이르고 있다고 지적한다. 어떤 이들은 지금의 상황을 두고 정치적 내전이라고 평가하기도 한다.

이에 대한 책임의 대부분이 윤석열 대통령에게 있다고 지적하지 않을 수 없다. 정치적 갈등의 커다란 책임은 언제나 대부분 집권 세력에게 있기 마련이기도 하지만 지금 윤석열 정부의 국정 운영 방식에 문제가 있기 때문이다.

정부가 바뀌었다고 이전 정부가 만든 모든 것을 뒤집어엎고 이전 정부 사람들을 수사 대상에 세우는 것은 정치를 포기하는 일이다. 더구나 윤석열 대통령은 전 정부에서 권력의 핵심인 검찰총장을 역임하지 않았던가? 윤석열 대통령의 사정 중심 국정 운영, 무단 통치로 인해 지금 대한민국에서 정치는 사라지고 사법만이 횡행하고 있다. 정치 보복이 계속되고 이재명 민주당 대표를 비롯한 야당 국회의원들의 사소한 꼬투리를 잡아 일단 기소해 정치적으로 매장하려 드는 일이 이어지고 있다.

이런 상황이다 보니 양당은 상대를 대화의 상대로 생각하지 않는다. 타협의 상대로 생각하지 않는다. 여당은 야당을 사법적 처벌 대상으로 간주하고, 야당은 대통령을 탄핵의 대상으로 생각한다. 이러한 죽기 아니면 살기 식의 정치적 갈등은 사실상 정치 내전 수준이다. 이로 인해 국민들은 정치에 대한 환멸이 높아지고 있다.

윤석열 대통령은 2023년 광복절 경축사 이후 기회가 될 때마다 "공산 세력과 그 추종 세력, 반국가 세력들은 허위 조작과 선전 선동으로 우리의 자유민주주의를 위협하고 있다"며 "윤석열 정부는 그 어떠한 위협도 결연하게 물리칠 것"이라고 강조하고 있다. 이런 메시지가 자주 반복되다 보니 국민들은 윤석열 대통령이 말하는 공산전체주의 세력 내지 반국가 세력이 민주당과 이재명 대표를 의미하는 것으로 느끼게 된다. 만약 정말로 그렇게 생각한다면 정부와 여당은 야당을 대화의 상대가 아니라 체제의 적이요, 타도 대상으로 간주하고 있는 것인데 참으로 심각한 문제다. 또한 윤석열 대통령이 극우적 발언을 반복하다 보니, 이에 대응해 야당 역시 더욱 극렬하게 저항하지 않을 도리가 없다.

여기에서 우리는 궁금해진다. 도대체 왜 한국을 비롯한 전 세계의 민주주의 국가들에서 갑자기 정치 내전 수준으로 정치적 갈등이 심화된 것일까? 소련 붕괴 이후 지난 30년간의 세계질서였던 자유민주주의가 왜 갑자기 최근에 위기에 처하게 된 것일까? 왜 민주주의 신흥국뿐만 아니라 민주주의 선진국마저 민주주의 후퇴라는 위기에 직면하게 된 것일까? 왜 세계 각국의 곳곳에서 사실상 정치 내전에 대한 경고가 제기되고 있는 것일까? 2장에서 자세히 살펴보자.

2장

정치 내전은 어떻게 만들어지는가?

●

세계에서 이런 민주주의 위기의 흐름이 두드러지기 시작한 것은 지난 2016년이었다. 그해 영국에서 브렉시트Brexit가 국민투표로 통과되고 미국에서 트럼프 후보가 대통령에 당선되면서, 전 세계의 자유주의자들은 그 원인을 분석하는 책을 경쟁하듯이 펴냈다. 이 책들은 왜 정치적 갈등이 심화되었는지, 그러한 갈등을 정치 내전 수준으로 격화한 포퓰리스트 내지 권위주의적 지도자는 어떻게 권력을 손에 쥐었는지, 합법적 절차를 거쳐 집권한 후 어떻게 자유주의와 민주주의를 훼손했는지에 대해 분석했다. 분석은 거의 비슷했다. 요약하자면 다음 세 가지다.

첫째, 정치 내전의 원인은 세계화가 만들어 낸 불평등이다.

둘째, 정치 내전의 무기는 소셜미디어, 특히 SNS(소셜네트워크 서비스)다.

셋째, 정치 내전의 동력은 정체성 내지 부족주의다.

이에 대해 하나씩 살펴보자.

정치 내전의 원인 : 1990년대 이후 초세계화가 만든 불평등

1991년 소련이 해체되고 공산주의 진영이 붕괴되면서 세계 체제는 미국 유일의 헤게모니가 되었다. 과거 공산주의 국가들은 자본주의 시장경제에 합류했고, 글로벌 자본주의 시장 규모가 순식간에 커졌다. 노동 공급량도 획기적으로 늘었다. 거기에 1980년대부터 진행된 정보통신기술ICT 혁명으로 생산의 국제화가 급진전되었다. 이러한 변화는 국제 분업 구조의 재편, 생산의 국제화, 자본주의 시장 규모의 급팽창을 가져왔다. 글로벌 차원에서 저렴한 노동력이 대량으로 공급되어 자본과 노동의 계급적 힘겨루기에서 자본의 협상력을 높였다.

1990년대 이후 글로벌 자본주의 변화는 세 가지로 요약할 수 있다. 첫째는 노동력 규모가 두 배나 늘어난 것이다. 1990년 14억 6천만 명(선진국 4.6억 명, 개도국 10억 명)이었던 전 세계

노동력 규모가 2000년에는 29억 2천만 명으로 무려 두 배가 늘어났다. 공산주의가 몰락하기 이전 세계 인구는 60억 명이었는데, 자본주의 시장경제에 해당하는 나라는 의외로 많지 않았다. 그런데 공산주의 체제가 붕괴되면서 공산주의 블록과 제3세계 블록이 모두 자본주의 시장경제에 편입되었고, 글로벌 자본주의 노동력이 중국에서 7.5억 명, 인도에서 4.4억 명, 러시아를 비롯한 동구권에서 2.6억 명 등으로 늘어난 것이다.

둘째는 초세계화 현상이다. 전 세계 GDP 대비 상품무역의 비중 추이를 살펴보면, 1990년대 중반 30%에 불과했던 것이 2000년대 후반에는 무려 50%를 넘게 된다. 세계무역이 급팽창하는 '초세계화의 시대'가 도래한 것이다.

셋째는 성장률 상승이다. 제2차 세계대전 이후 1950~60년대에 전 세계는 5% 수준의 고도성장을 성취했다. 그리고 1970~80년대에는 3% 수준까지 성장률이 떨어졌다. 그러나 1990년대부터 2000년대까지 다시 성장률이 상승한다. 전 세계 GDP 대비 상품 교역량이 30%에서 50%로 늘어났던 때이고, 이 시기에 전 세계의 GDP 성장을 주도했던 가장 중요한 국가는 바로 중국이었다.

글로벌 자본주의에 1990년대 이후에 불어닥친 이러한 세 가지 경제적 변화는 사회 구조에도 심각한 변화를 초래했다. 국가 간 불평등(글로벌 수준의 불평등)은 줄어들고, 국가 내 불평등(일국 수준의 불평등)은 커진 것이다. 중국, 인도, 베트남, 인도네

시아를 비롯한 아시아의 후발 신흥 공업국가들이 글로벌 자유무역 체제에 합류함에 따라 미국을 비롯한 선진국의 제조업 점유율이 떨어지고 그곳에서 일하던 중숙련·중임금 노동자, 특히 제조업 노동자들이 일자리를 잃게 되었기 때문이다.

1990년대 이후 국가 간 불평등은 줄어들고, 국가 내 불평등은 커졌음을 상징적으로 보여주는 그래프가 있다. 바로 브랑코 밀라노비치의 《왜 우리는 불평등해졌는가》에 나오는 '코끼리 곡선'이다.

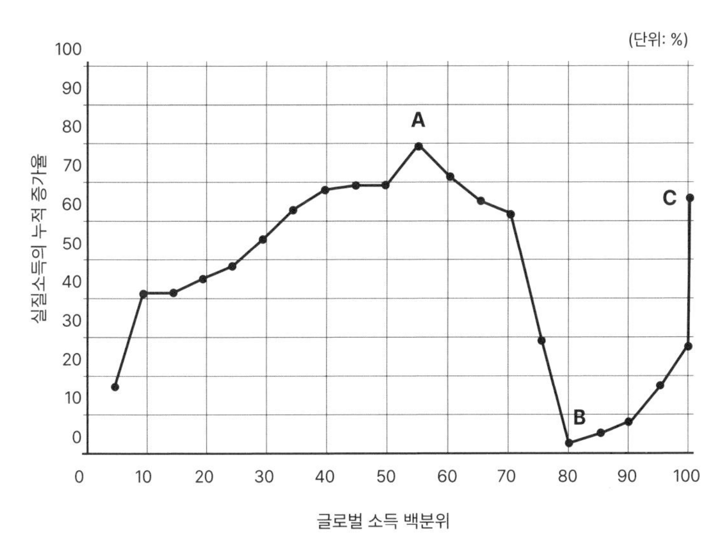

전 세계 실질소득 증가율(1988~2008) (출처: 브랑코 밀라노비치, 《왜 우리는 불평등해졌는가》(21세기북스, 2017), 28쪽)

1988년부터 2008년까지 글로벌 소득 백분위별 실질소득 증가율을 분석한 이 그래프는 코끼리 모양과 비슷하게 생겨서 '코끼리 곡선'이라고 불린다. 맨 왼쪽은 코끼리의 엉덩이, A 지점은 코끼리 등, 맨 오른쪽의 B~C 지점은 코끼리의 코와 비슷하다.

A 지점은 글로벌 소득 백분위로 볼 때, 약 55분위에 해당된다. 1988~2008년 동안 이들의 소득 증가율은 약 75%다. 이 지점의 사람들은 대체로 중국을 비롯한 신흥 공업국의 '글로벌 신흥 중산층'이라고 할 수 있다. C 지점은 선진국의 최고 부유층, 1% 최상층이다. 이들은 동일 기간 동안 약 65%의 소득 상승을 이뤘다. A 지점과 C 지점의 사람들은 높은 실질소득 증가율을 기록한, 1990년대 이후 초세계화의 승자들이라고 할 수 있다.

빛이 있으면 그림자가 있고, 승자가 있으면 패자가 있기 마련이다. A 지점과 C 지점의 사람들이 1990년대 이후 초세계화의 승자라면, 패자는 누구인가? 바로 위 그래프에서 B 지점에 있는 사람들이다. B 지점은 글로벌 소득 분포에서 80~90분위에 해당한다. 이들의 소득은 20년 동안 제자리걸음이다. 상대적으로 보면 후퇴했다고 할 수 있다. 이들은 누구일까? 바로 선진 자본주의 국가의 중·저 임금 노동자들이다.

미국의 경우, 2016년 대선에서 트럼프를 지지했던 러스트벨트 노동자들이 바로 이들이다. 영국의 경우, 2016년 브렉시트 국민투표에서 찬성표를 던진 제조업체 노동자들이 바로 이들이다. 이들은 전통적으로 미국 민주당과 영국 노동당의 강한 지지층이었다. 그런데 그들이 입장을 바꿔서 트럼프를 찍고, 브렉시트에 찬성한 것이다. 미국과 영국뿐만 아니라 유럽의 노동자들도 정치적 성향이 비슷해졌는데, 시리아 내전으로 인해 무려 1천 2백만 명의 난민이 유럽으로 이주하여 노동시장에서 경쟁하게 되었기 때문이다.

1990년대 이후 아시아의 소득 증가와 유럽 제조업 노동자의 쇠락은 세계화에 대한 태도 차이로 이어졌다. 베트남 사람들의 세계화 지지율은 무려 91%다. 반면에 프랑스 사람들의 세계화 지지율은 37%에 불과하다. 유럽의 많은 사람들이 세계화에 분노한다. 국제무역과 대규모 인구 이동을 자신들의 사회에 퍼지는 악의 근원이라고 간주할 정도다.

우리는 1장에서 피터 터친 교수가 발표한 미국 정치 스트레스 지수의 변화 추이를 살펴보았다. 그에 따르면 정치 스트레스 지수가 급격히 올라가는 두 번의 시기 중 그 두 번째 시기가 바로 지금, 2010년대 이후다. 1990년대 이후 글로벌 자본주의의 변화와 그로 인한 일국 내 불평등의 심화는 왜 지금 미국을 비롯한 선진국에서 정치 스트레스 지수가 높아지고 있는지를 잘 설명해 준다. 그리고 이러한 불평등 심화가 세계 각국에서 정치적 갈등이 심화되는 원인을 제공하고 있다고 볼 수 있다.

최병천 신성장경제연구소 소장은 《좋은 불평등》이라는 책에서 한국 임금의 지니계수 추이를 근거로 한국 불평등의 변화 추이를 분석했다. 그에 따르면, 한국 또한 1994년부터 2015년까지 불평등이 증가했는데, 그 근본 원인 역시 1990년대 이후

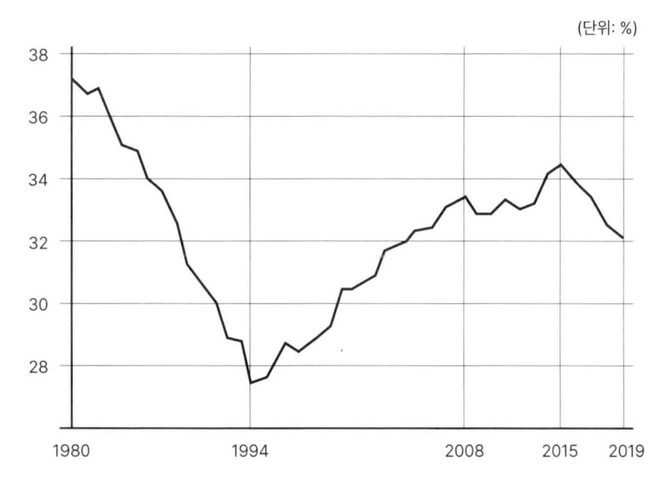

한국 임금 지니계수 추이(1980~2019) (출처: 최병천, 《좋은 불평등》(메디치미디어, 2022), 52쪽)

글로벌 자본주의의 변화, 즉 초세계화와 국제 교역량의 증가 때문이었다. 무엇보다 이 시기 한국의 불평등 증가는 중국으로의 수출 증가에 기인했고, 비록 상층·부유층에 한정되었지만 소득을 늘렸다는 점에서 '좋은 불평등'이었다고 그는 주장한다.

그것이 좋은 것이었는지 나쁜 것이었는지에 대한 평가는 별개로 하더라도 그 시기에 한국의 불평등 증가가 일국적 원인이 아닌 세계적 원인에 기인했고, 그것은 세계 공통의 현상이었다는 점만은 분명해 보인다. 한국 사회의 심각한 정치 갈등 역시 세계 공통의 원인인 불평등 심화와 무관하지 않다는 점도 부정하기 힘들다.

대중매체의 시대
: 세팅된 어젠다를 수동적 수용, 가짜뉴스는 없었다

민주주의와 자유주의의 위기, 포퓰리스트 내지 권위주의 지도자의 등장, 정치 내전 수준의 정치적 갈등 심화를 분석하는 책들이 가장 중요하게 지적하는 것은 정치 내전의 무기라고 할 수 있는 소셜미디어다. 야스차 뭉크는 《위험한 민주주의》에서 자유민주주의가 위기에 처하게 된 원인을 '소셜미디어', '경제 침체', '사람 잡는 정체성'이라는 세 가지로 분석했는데, 그중 으뜸은 소셜미디어였다.

뭉크는 소셜미디어가 얼마나 큰 역할을 하는지를 트럼프가 소셜미디어를 활용해 예상을 뛰어넘는 선거운동을 하는 것을 보면서 분명히 깨닫게 되었다고 말한다. 소셜미디어 덕분에 트럼프는 전통적인 언론 매체라는 기반시설이 필요 없었다. 그는 수백만 명의 팔로워들에게 메시지를 직접 보낼 수 있었다. 기성 언론이 받는 제약에 얽매이지 않는다는 방침으로, 진실을 전하기보다는 센세이션을 일으킴으로써 대중에게 어필하고자 했다.

트럼프의 이야기들이 너무 억지스럽거나 유혈이 낭자해 대체 누가 이런 걸 믿나 싶었지만 의외로 상당수 사람들이 이를 믿었다고 뭉크는 지적한다. "프란치스코 교황, 전통을 깨고 트럼프를 지지하다." "충격! 힐러리 클린턴의 사탄 네트워크가 드러나다." 이런 가짜뉴스를 사람들이 믿었다. 한 조사에 따르면 미국

유권자의 무려 42%가 힐러리 클린턴을 '악마'라고 생각했다. 뭉크는 이를 두고 "소셜미디어가 트럼프 같은 혐오의 선전꾼, 허위를 파는 상인, 민주주의의 파괴자에게 강력한 무기가 되었다"라고 지적한다.

소셜미디어Social Media가 등장하기 전에는 신문, 방송 등 매스미디어Mass Media, 즉 대중매체가 여론을 좌지우지했다. 대중매체가 여론을 주도하는 방법은 '어젠다 세팅'이다. 어젠다 세팅, 즉 의제 설정은 대중매체가 의도적으로 이슈에 대한 대중의 생각을 세팅하는 것이다. 대중매체가 중요하다고 보도하는 이슈가 어젠다가 되고, 이것이 결국 일반 대중에게도 중요한 어젠다로 전이된다.

대중매체에 의한 어젠다 세팅에는 장점과 단점이 있다. 단점부터 이야기하자면, 영향력 있는 미디어에 의해 여론이 조작될 수 있다는 점이다. 심지어 대중의 심리까지 조작될 수 있다. 미디어가 짜놓은 프레임 속에 대중들이 자신도 모르게 갇히게 되는 것이다. 미디어가 무시하는 것들은 존재하지 않는 것이나 마찬가지다. 대중매체가 여론을 지배하던 시절에는 세팅된 어젠다를 다양한 각도에서 분석하고 판단하는 것이 필요했다.

그렇다면 장점은 무엇일까? 최소한 가짜 뉴스는 거의 없다는 것이다. 어젠다 세팅 개념을 처음 도입하고 지속적으로 연구해 온 텍사스 주립대학교의 맥스웰 맥콤스 교수는 《어젠다 세팅》이라는 책에서 '누가 미디어 어젠다를 형성하는가'라고 묻고는 '주요 뉴스 출처', '다른 언론사들', '저널리즘의 규범과 전통', 이 세 가지라고 답한다. 특히 중요한 것이 저널리즘의 규범과 전통인데, 이것이 어젠다 형성에 대단히 강력한 필터 역할을 한다고 지적한다. 그 과정에서 가짜뉴스는 대체로 걸러지는 경우가 많았다고 강조한다.

또한 대중매체에 의해 어젠다가 형성되던 시절에는 대중이 매스컴을 많이 볼수록 생각의 차이가 줄고 사회 각층 간의 합의 도출 가능성이 증가했다. 맥콤스 교수의 분석에 따르면 신문이나 TV뉴스를 많이 보는 사람일수록 다른 사회적 집단과 상관관계가 높았다. 대중매체가 만든 어젠다 세팅에 많이 노출될수록 미디어가 만든 프레임에 동조하게 되기 때문이다. 어젠다 세팅은 사회적 합의에도 상당히 기여했다.

정치 내전의 무기
: 소셜미디어와 가짜뉴스

이제는 소셜미디어가 매스미디어를 대체하고 있다. 그에 따라 어젠다 세팅과 같은 여론 독과점은 줄어들고 있다. 반면 가짜뉴스가 세상에 활개 치기 시작했다. 주도권이 점차 소셜미디어로 넘어감에 따라 가짜뉴스를 막고 사회적 합의를 이끌어 내는 일이 갈수록 어려워지고 있다. 소셜미디어는 팩트fact보다 페이크fake를 퍼트리며 미디어 생태계를 교란하고, 극심한 정치 양극화에 크게 일조한다.

히틀러와 무솔리니가 집권한 힘은 매스미디어였다. 그 당시에는 독재를 방지하기 위한 장치가 개인 미디어였다. 그러나 지금은 선거에 소셜미디어가 점점 더 많이 사용되면서 부작용 또한 커지고 있다. 2016년 초 필리핀 대선에서 로드리고 두테르테가 소셜미디어를 통한 악랄한 거짓 정보 공세와 상대 후보에 대한 인신공격의 효과로 당선되었다. 페이스북의 임원은 필리핀이 소셜미디어를 통한 선거 개입의 최초의 '감염 국가'였다고 인정했다.

영국의 브렉시트 국민투표와 미국 대선의 트럼프 당선은 비슷한 사례였고, 2016년은 소셜미디어가 정치를 장악한 원년이 되었다. 2016년 페이스북의 50대 가짜뉴스 중 22건이 미국 정치와 관련된 것이었는데, 그중 12건이 트럼프를 지지하는 내용의 가짜뉴스였고 750만 번의 조회를 기록했다. 반면 힐러리 클린턴을 지지하는 가짜뉴스는 6건에 조회 수는 180만 번이었다. 나머지 4건은 중립적 가짜뉴스였다.

소셜미디어는 이제 독재자들에게 놀라움의 대상이 아니다. 그들은 신문물에 충분히 적응했고, 자기 뜻대로 그것을 가지고 놀고 있다. 브라질의 자이르 보우소나루 또한 2018년 대선 기간 중에 왓츠앱을 사용해 상대 후보인 페르난두 아다드를 겨냥한 엄청난 양의 거짓 정보를 퍼트려서 대통령에 당선됐다. 《뉴욕타임스》의 보도에 따르면, 선거 시기 보우소나루가 가장 많이 활용한 350개의 왓츠앱 공개 대화 그룹을 모니터링한 결과 그 안에서 가장 많이 공유된 사진 50장 중에서 무려 46장이 거짓이거나 조작된 사진이었다. 그렇지 않은 것은 4장뿐이었다.

필리핀, 미국, 브라질에서 소셜미디어는 극단적인 포퓰리즘 정당에 유리하게 활용됐다. 소셜미디어 때문에 포퓰리즘 확산이 더 쉬워졌다. 분노를 이용하는 알고리듬이 이를 돕는다. 극단주의자들은 분열과 적대감에서 비롯된 거짓말을 이용해 민주주의를 장악한다. 소셜미디어의 알고리듬은 그런 거짓말을 더 멀리, 더 빨리 퍼트린다.

소셜미디어는 어떻게 부족주의를 확산시키나?

소셜미디어가 위험한 이유는 무엇일까? 그것은 앞서 지적했듯이 가짜뉴스를 퍼트린다는 점도 있지만, 무엇보다 정치적 부족주의를 강화하고 확산시키기 때문이다. 소셜미디어는 사람들이 사회를 통합하는 중간점이나 공통점보다는 차이점에 집중하게 만든다. 이는 통합과는 반대 방향으로 작동한다. 바로 이 점이 소셜미디어가 정치 내전을 확산시키는 기술적 무기가 되는 이유다.

소셜미디어의 힘은 알고리듬에서 나온다. 알고리듬의 사전적 의미는 '어떤 문제를 해결하기 위한 절차, 방법, 명령어들의 집합'이다. 그런데 이것이 미신러닝 시스템과 결합되어 소셜미디어에 장착되면서 실로 가공할 만한 효과를 만들어 낸다. 누구나 경험해 보았듯이 사용자가 좋아하는 유형을 자동으로 추천해 주는 것이 알고리듬의 역할인데, 불행하게도 이 알고리듬은 맡은 일을 지나치게 잘 해냈다. 페이스북과 유튜브의 알고리듬은 사용자가 어떤 취향이든, 그것이 아무리 위험한 취향이라고 할지라도 그에 딱 들어맞는 내용을 추천했다. 유튜브를 운영하는 구글은 이런 시스템이 사용자에게 어떤 영향을 미치는지 시험했다. 그 결과 추천 엔진이 사용자에게 노출되는 콘텐츠를 편협하게 만들고, 궁극적으로 사용자의 세계관을 바꿀 수 있다는 결론이 나왔다. 유튜브의 추천 시스템이 제공한 동영상을 근거로 사람들이 생각을 바꿀 수 있다는 점을 유튜브도 인정하는 것이다.

이처럼 알고리듬은 소셜미디어가 원하는 대로 사용자의 사고에 영향을 줄 수 있지만, 사용자는 무슨 일이 벌어지고 있는지 알지 못한다. 다들 알다시피 소셜미디어가 알고리듬을 활용하는 이유는 사람들이 눈을 떼지 못할 만큼 주목을 끌기 위해서다. 그리고 알고리듬에는 도덕관념이 없다. 그렇기에 알고리듬은 사용자들이 급진적인 그룹에 가입하게 만들고, 사이버 집단 공격을 조장하게 만들고, 극단적인 음모론에 내몰기도 한다. 조회 수와 광고 수익을 늘리려는 알고리듬이 이 모든 것을 배후조종하고 있다고 할 수 있다.

소셜미디어는 도덕적 분노를 비즈니스에 적극 활용한다. 도덕적 분노란 집단 내부의 도덕적 단결 또는 집단 외부에 대한 도덕적 공격을 의미한다. 도덕적 분노는 우리 마음 깊은 곳에 있는 어떤 감정을 불러일으킨다. 그리고 소셜미디어는 도덕적 분노를 담은 콘텐츠를 추천해 심각한 수준의 부족주의적 갈등을 초래한다.

옛날 부족 사회 시대에 분노는 부족 사회 유지에 필수적인 세정제 같은 역할을 했다. 부족의 다수를 분노하게 만드는 사람이 있다면 추방한다. 쫓겨나면 굶주림이나 맹수 같은 심각한 위험에 빠질 것이기 때문에 구성원들은 부족 사회의 규범에 어긋나지 않게 행동하려 한다. 분노는 부족 구성원에게 허용되는 행동의 범위를 정해 집단을 안정적으로 유지하는 기능을 한다. 현대 사회에서는 현실에서 분노할 일이 드물다. 하지만 소셜미디어에서는 도덕적 분노를 담은 콘텐츠를 공유할 가능성이 높아진다. 마음 놓고 "이것 좀 봐, 끔찍한 일도 다 있네!"라는 말로 자신의 순수성을 강조할 수 있고, 실제로 그렇게 한다.

알고리듬은 도덕, 감정, 분노를 알지 못한다. 알고리듬은 오로지 어떤 종류의 콘텐츠를 사람들이 공유하고 싶어 하는지만 알 뿐이다. 따라서 우리가 분노를 유발하는 콘텐츠를 공유한다면 알고리듬은 분노를 유발하는 콘텐츠를 더 많이 선별해서 우리에게 되돌려주는 식으로 반응할 것이며, 우리는 그것을 보고 또 분노하며 공유할 것이다.

한 예를 보자. 2013년 8월 인도에서 힌두 청년 두 명이 무슬림 젊은이와 말싸움을 벌이다가 칼로 찔러 살해한 충격적인 사건이 일어났다. 많은 무슬림 주민들이 잔인한 보복에 나서 그 두 청년에게 린치를 가했다. 분위기는 이내 진정되는 듯 보였지만 며칠 후 유튜브에 두 청년이 맞아 죽는 장면이라고 주장하는 동영상이 뜨면서 사태는 급격히 악화되었다. 실제로 그 동영상은 2년 전 아프가니스탄에서 일어난 일을 찍은 동영상이었다. 일주일 만에 그 지역 사람들 수천 명이 동영상을 보았고, 힌두교도와 무슬림 사이에 폭동이 일어났다. 나흘 동안 이어진 이 사태로 예순 명이 넘는 사망자가 발생했다.

분노는 우리의 정신 깊숙이 있는 무언가를 건드린다. 바로 부족이 위협에 대비해 경계를 게을리 하지 않을 필요성이다. 최대한 분노를 유발하는 쪽으로 적응한 분노의 밈이 퍼져 나가는 건, 고대에는 긴요했던 진화의 법칙에 따르는 일이었다. 그러므로 소셜미디어에서 도덕적 분노를 자극하는 콘텐츠가 퍼져나가는 것은 인간 심리의 자연스러운 성향이다. 우리 두뇌는 그런 유형의 일에 맞춰져 있다. 더욱이 우리 시대에는 슈퍼마켓에서 장을 보듯 분노를 고를 수 있다.

또한 소셜미디어에서 이쪽 집단과 저쪽 집단으로 나뉘어 분노가 증폭되는 것은 그것이 보상 체계와 연결되어 있기 때문이다. 소셜미디어가 처음 등장했을 때 많은 사람들이 연결과 소통, 참여가 만들어 내는 멋진 신세계가 민주주의를 증진하고 사람들의 삶을 좋게 만들 것으로 기대했지만 현실은 그렇게 되지 않았다. 더 많은 사람들이 연결될수록 세상이 나아질 것이라는 생각은 오류요, 착각이었다. 찰스 아서는 《소셜온난화》라는 책에서 소셜미디어가 만들어 내는 해악이 기후온난화만큼이나 치명적이라면서, 소셜미디어에 따른 위기 상황을 "소셜온난화"라고 표현한다.

정치 내전의 정신 또는 동력 : 정체성 내지 부족주의

우리는 앞에서 소셜미디어가 어떻게 정치적 갈등을 심화하는지 살펴보았다. 그것은 가짜뉴스와 부족주의의 확산을 통해서 이루어졌다. 그러나 그것은 정치 내전의 기술적 무기에 불과하다. 결국 소셜미디어를 통해 확산되는 것은 정체성 문제와 정치적 부족주의고, 그것이 바로 정치 내전의 정신적 무기이자 동력이라고 할 수 있다.

유럽 각국은 이민 문제로 심각한 갈등을 겪고 있다. 이민에 대한 두려움은 이제 유럽 전역의 유권자들에게 최우선 관심사이다. 예를 들어 2016년 덴마크인의 71%, 헝가리인의 67%, 그리고 독일인의 57%가 이민 문제를 가장 큰 정치 이슈로 꼽았다. 유럽연합 회원국 27개국 중 유권자들이 이민을 가장 큰 우려 사항으로 언급하지 않은 나라는 거의 없었다. 미국도 2016년 선거에서 유권자의 70%가 이민을 매우 중요한 사안으로 꼽았으며,

이는 2012년의 41%보다 훨씬 증가한 수치다.

그렇다면 실제로 유럽 각국에서 이민자 비율이 높아졌을까? 자료를 보면 그렇다. 예를 들어 영국에서는 1950년대에 소수민족 시민의 수가 수만 명이었지만 오늘날에는 800만 명이 넘는다. 독일에서는 1968년 외국인 시민 수가 200만 명에 못 미쳤는데, 오늘날에는 1,700만 명의 이주자와 그 후손이 독일에 살고 있다. 이탈리아에서도 2002년에는 외국인 거주자가 100만 명이 조금 넘었는데, 2011년에는 400만 명이 넘었다. 여기에 시리아 내전으로 인해 1,200만 명의 난민이 유럽으로 이주했다.

유럽의 포퓰리스트 정당들은 이민에 대한 우려를 자신들의 가장 중요한 메시지로 삼고 있다. 선거 결과를 보면, 이민에 대한 두려움과 포퓰리스트의 성공 사이에는 꽤 긴밀한 관계가 있다. 이민자와 소수민족에 대한 부정적인 생각은 브렉시트부터 마린 르펜이 얻은 지지율까지, 정치와 높은 상관관계가 있다. 2016년 미국 대선에서 트럼프 승리의 주요 원인은 전통적으로 민주당에 표를 던져 온 러스트벨트의 백인 노동자들이 트럼프를 찍은 것이었다. 《월스트리트 저널》의 분석에 따르면 이 중서부 지역 주들은 2000년과 2015년 사이에 비백인 거주자가 가장 빠르게 유입된 곳이다.

이런 이민자 내지 소수민족의 문제가 정치적 보수화를 초래하고, 자유주의와 민주주의의 위기까지 가져오는 현상을 두고 야스차 뭉크는 《위험한 민주주의》에서 "사람 잡는 정체성"이라고 표현했다. 그는 세계 각국에서 정치적 갈등이 심화되고, 그러한 갈등을 심화시킨 포퓰리스트가 합법적 절차를 거쳐 권력을 잡은 후 자유주의와 민주주의를 훼손하는 현상의 핵심에는 정체성이 있다고 말한다.

한편 에이미 추아 예일대학교 로스쿨 교수는 《정치적 부족주의: 집단본능은 어떻게 국가의 운명을 좌우하는가》라는 책에서 이러한 현상의 원인을 '부족주의'라는 단어로 표현하고 있다. 그는 오늘날 벌어지고 있는 대립과 혐오의 원인을 기존의 좌우 구도가 아닌 부족주의 관점에서 분석한다. 지금까지 미국이 부족주의를 간과하고, 냉전 프레임으로 베트남, 이라크, 아프가니스탄을 보는 바람에 전쟁에서 패배했다는 것이다. 또한, 미국 내에서도 '부족적 정체성'을 고려하지 않아 트럼프의 당선을 초래했으며, 지금과 같은 정치적 위기와 갈등이 심화되었다고 본다.

에이미 추아는 미국이 그동안 부족주의의 위험성을 인지하지 못하고 방치한 결과, 미국 정치권의 보수와 진보 모두 이에 포획되어 새로운 정치 부족이 생겨나고 있다고 지적한다. 우선 보수는 백인 정치에 매몰됐다. 트럼프가 주도하는 이러한 정치 세력은 백인이 역차별을 당하고 있으며 위험에 처해 있다고 주장한다. 미국 공화당은 이러한 생각을 중심으로 새로운 정치 부족을 만들고 있다. 이들은 미국 민주당이 끊임없이 백인 공동체를 비난하고 창피를 주면서 백인들이 갖고 있지도 않은 '특권'을 가졌다고 몰아붙이고 있다고 말한다.

미국의 진보, 민주당은 집단을 불문하고 포용한다는 기존의 기조에서 멀어져 정체성 정치에 사로잡히고 말았다. 갈수록 인종, 젠더, 성적 소수자를 중심으로 하는 정체성 정치가 강화되고, 이제는 정체성 집단이 더욱더 세분화되어 각각의 집단이 자신들을 인정하라고 요구한다. 마치 '억압당하기 선수 올림픽'이라도 하는 듯 누가 특권을 가장 덜 가지고 있는지 겨루는 제로섬 경쟁을 하는 수준이다.

5장에서 자세히 살펴보겠지만 집단성은 인간의 본성이다. 그것을 가리켜 '부족 본능'이라고 할 수도 있다. 인간은 집단에 속해야 한다. 인간은 유대감과 애착을 갈구한다. 하지만 부족 본능은 소속 본능만 의미하는 것이 아니다. 부족 본능은 배제 본능이기도 하다. 집단 본능으로 갈라진 부족과 기록적인 수준의 불평등이 결합하면서 세계에서는 '정치적 부족주의' 현상이 나타나고 있다. 오늘날 정치 구도는 '당신은 어떤 부족에 소속되어 있는가'에 따라 갈라진다. 이제 이에 대해 분석해 보자.

3장

현실정치를 위한 민주주의 집단이론

●

2장에서는 정치 내란을 만드는 세 가지 요소를 살펴보았다. 그것은 사회적 원인으로서의 불평등, 기술적 무기로서의 소셜미디어, 정신적 동력으로서의 부족주의 내지 정체성이었다. 그런데 불평등도, 소셜미디어도, 부족주의(정체성)도 하나의 모태에서 성장한 것들이다. 그 모태란 바로 지난 30~40년 동안 전성시대를 구가했던 자유주의다. 불평등도, 부족주의(정체성)도, 소셜미디어도 자유주의 속에서 성장했고, 현재에 이른 것이다.

결국 이 책의 주제인 정치 내전은 자유주의 체제의 한계를 보여준다. 프랜시스 후쿠야마 스탠퍼드대학교 교수는 1992년 《역사의 종언과 최후의 인간》에서 자유주의의 승리를 선언하고 헤겔과 마르크스적 의미의 역사는 끝났다고 주장했다. 그런데 지금 최후의 승자처럼 보였던 자유주의가 한계를 보이고 있다.

세계는 후쿠야마의 예상대로 흘러가지 않았다. 그는 《역사의 종언과 최후의 인간》을 변명하느라 평생을 보냈다고 해도 과언이 아니다. 후쿠야마의 표현을 차용하자면, 최근 세계적으로 일어나는 정치 내전의 확산은 '자유주의의 종언'을 의미하는 것은 아닐까? 또한 이미 새로운 시대가 시작되었음을 보여주는 것은 아닐까?

3장에서는 정치 내전의 문제를 자유주의의 한계라는 시각으로 분석하는 세계적 석학들의 연구를 살펴보겠다. 정치철학으로서의 자유주의의 한계와 외교정책으로서의 자유주의의 한계를 보려 한다.

에이큰, 바텔스
'현실론자를 위한 민주주의'

먼저 정치철학으로서의 자유주의의 한계, 특히 그 이상주의적 한계를 신랄하게 비판한 책을 보자. 크리스토퍼 에이큰 프린스턴대학교 교수와 래리 바텔스 밴더빌트대학교 교수가 함께 쓴 이 책은 현실주의적 정치철학으로서 민주주의 집단이론을 대안으로 제시한다.

스승과 제자 사이인 두 사람이 2016년에 발표한 이 책의 제목은 'Democracy for Realists'인데 우리말로 옮기자면 '현실론자를 위한 민주주의' 또는 '민주주의를 위한 현실주의적 제언'이 될 것이다. 부제 'Why Elections Do Not Produce Responsive Government'는 '왜 선거로 국민의 요구에 부응하는 정부를 만들 수 없나' 정도로 옮길 수 있을 것이다. 미국 정치학 분야에서 가장 주목받는 책이고 우리 정치에도 시사하는 바가 많은데 아쉽게도 아직 우리말로 번역되지 않았다.

저자들은 미국 선거 통계를 토대로 민주주의의 역사를 면밀하게 분석한 뒤, 민주주의에 대한 기존의 지배적인 이론은 불가능하고 터무니없이 부풀려진 것이라는 결론을 내린다. 이 책에서 말하는 기존의 이론이란 '합리적 투표자 이론'이다. 왜 저자들은 현대 정치학에서 헤게모니를 쥐고 있는 합리적 투표자 이론이 잘못되었다고 말하는가? 그 이론이 전제하고 있는 원자적 개인주의 내지 개인적 합리성이 잘못되었기 때문이라고 그들은 말한다.

합리적 선택 이론 중에 가장 유명한 것이 앤서니 다운스가 《경제이론으로 본 민주주의》에서 주장한 '중위투표자 정리'이다. 중위투표자 정리는 양당제에서 후보자가 여론의 중위수 입장을 취할 때 유권자의 득표를 극대화할 수 있다는 것이다. 따라서 양당제에서는 양당이 가능한 한 상대방과 비슷해지려고 노력하고, 그로 인해 유권자 대다수가 하나의 봉우리를 중심으로 몰려 있는 단봉적 분포를 보이는 수렴 현상이 일어난다. 반면에 다당제에서는 정당들이 서로를 이데올로기적으로 구별하면서 자신들이 가진 이데올로기적 순수성을 유지하려고 분투하기 때문에, 서로를 모방하기보다는 각각의 이데올로기적 '상품의 차별화'를 강조한다.

이에 대해《현실론자를 위한 민주주의》는 양당제를 채택하고 있는 미국에서 치러진 지난 100년 동안의 선거를 조사한 결과, 다운스가 예상했던 단봉적 분포가 아니라 쌍봉적 분포를 보였다고 비판한다. 우리는 1장에서 1950~60년대에 미국 정치가 중도 수렴했던 증거를 '소수당 중복도'와 '다수당을 지지한 소수당원' 수치를 통해 확인했다. 다운스의 이론은 그 시절(1957년)에 나왔다. 그러나 지금 미국 정치는 완전히 정치 내전 중이다. 왜 이렇게 된 것일까?

다운스 이론은 후보자를 판매자로, 투표자를 소비자로, 정책을 상품으로 비유한다. 따라서 투표자는 손익계산을 근거로 투표권을 행사하는 것으로 전제된다. 고전경제학의 '경제적 인간' 개념이 원용되는 것이다. 이기적인 동시에 합리적인 존재인 '경제적 인간'은 주어진 대안 중에서 자신에게 가장 유리한 결과를 선택한다. 정보를 잘 알고 있으며 사려 깊은 사람으로 전제된다.

그러나 이는 허상에 불과하다. 에이큰과 바텔스에 따르면 현실에서 대중은 그렇게 행동하지 않는다. 대중들은 스스로 생각한다고 합리화하지만 실제로는 자신이 좋아하는 정당에 대한 당파적 충성심으로 정치를 바라보고 투표를 결정한다. 대중에게 중요한 것은 개인적 합리성도, 정책 선호도, 이데올로기도 아니다. 그들에게 중요한 것은 특정 집단 내지 정당과 스스로를 동일시하는 것이고 이러한 집단이나 정당에 대한 가치와 감정이다. 다르게 표현하자면, 그들에게 중요한 것은 정체성identity이고, 정치인과 유권자의 정체성 상관관계는 매우 강력하다.

이처럼 대중들은 합리성보다 집단 정체성 또는 진영논리에 따라 정치적 판단을 한다는 것이 에이큰과 바텔스의 주장이다. 그들은 이것이 바로 민주주의 집단이론인 동시에 정치에 대한 현실주의적 관점이라고 말한다. 허상에 불과한 합리적 투표자 이론과 이상주의적이고 낭만주의적인 관점을 벗어나, 집단이 정치를 움직이는 힘이라는 것을 인정해야 한다는 것이다. 즉 민주주의 집단이론과 정치에 대한 현실주의적 관점이 필요하다는 말이다.

정체성 일치와 당파적 충성심 : '민주주의 집단이론'의 핵심 메커니즘

제임스 매디슨은 "정치에 있어 인간은 천사가 아니다"라고 말했는데, 사실 인간은 공공의 선보다 사익과 개인사에 더 많은 관심을 갖는다. 그래서 인간들은 파벌에 경도되기도 한다. 그런데 현대 정치에서 가장 중요한 파벌은 정당이고, 현실주의적 관점에서 정당은 민주정치의 중심이다.

대부분의 시민들이 어느 정당을 지지하는 것은 자신과 같은 부류의 사람들이 그 당에 속해 있기 때문이다. 그 정당의 정책이 좋아서가 아니다. 유권자들은 인종, 직업, 종교 또는 세습적 충성심 때문에 그 정당과 자신을 동일시한다. 심지어 가장 열성적인 시민들조차 정당의 입장을 자신의 입장으로 받아들인다. 이들은 정당의 거울일 뿐 주인이 아니다. 대부분의 시민에게 정당 일체감과 집단 충성심은 표를 결정하는 주된 동인이다.

에이큰과 바텔스는 '정체성 일치'야말로 선거를 좌지우지하는 가장 강력한 힘이며 선거 캠페인의 주된 과제는 당파적 정체성을 상기시키는 것이 된다고 주장한다. 따라서 투표 결과가 항상 합리적인 것은 아니다. 유권자들은 개인적 선호와 판단이 아니라 집단적 요소나 정체성에 따라서 투표한다. 투표자들은 자신의 정체성과 같은 성향의 정당을 발견하려고 하고, 자신들이 과거에 찍었던 정당을 계속해서 지지하기 위한 명분을 찾는다. 미국 정치에서 가장 강력한 사회 정체성은 인종이고, 한국 정치에서 그것은 여전히 지역이다.

당파적 충성심과 정당 일체감은 동전의 양면이다. 이는 민주주의가 잘 확립된 대다수의 국가에서 흔히 관찰되는 현상이다. 당파적 충성심이 정치에 영향을 미치는 정도는 매우 광범위하다. 특정 정당과 자신을 동일시하는 유권자의 경우, 선거와 관련된 거의 모든 사고가 당파적 충성심의 영향을 받는다. 당파적 충성심을 지탱하는 여러 의견 중 어느 하나도 실제로는 스스로 만들어 낸 것이 아님에도 그 사실을 깨닫지 못한 채, 자신이 주체적으로 사고한다고 착각한다. 인간은 자신의 태도와 행동에 대해 놀라울 정도로 착각을 잘하는 존재다. 사람들은 합리적으로 사고하기보다 이미 존재하는 자신의 선호를 합리화하려고 한다.

당파적 합리화의 중요한 기능은 레온 페스팅거가 《인지부조화 이론》에서 지적한 인지부조화를 최소화하는 데 있다. 인지부조화 이론이란 신념들 사이에, 또는 신념과 실제 사이에 불일치가 생겨 불편할 때 불일치를 없애 편안한 상태가 되기 위해 자신의 인지를 바꾸는 것을 의미한다. 지지 정당과 자기 생각이 맞지 않을 때 인지부조화가 발생하고, 유권자는 불편함을 느낀다. 불편함을 느끼면 유권자들은 대부분 자기 생각을 바꾸고 당론을 받아들이는 쪽으로 선택한다. 그러나 더 간단한 방법이 있다. 당론이 어떠하든 지지하는 당과 자신이 같은 입장을 가지고 있다고 믿어 버리는 것이다. 이러한 인지적 균형 전략은 일반적으로 정치 전문가들이 생각하는 것보다 훨씬 더 많이 발생한다.

사람들은 특정 영역에서 정확성을 추구함으로써 발생하는 불쾌감을 감당하기보다는 잘못된 인식을 그대로 수용함으로써 스스로에 대해 좋은 기분을 유지하는 편을 선호한다. 유권자들은 당파성을 이용해 객관적인 사실을 조작하기도 한다. 당파적 편향은 이미 합의된 사실에 대한 해석에까지 영향을 미칠 수 있다. 정당 지지자들은 자신의 견해를 합리적으로 수정하기 위해서가 아니라, 원래의 입장을 합리화하기 위해서 사실 조작을 효과적으로 활용한다.

대개 투표는 유권자의 당파성 내지 집단 정체성을 단순히 재확인하는 행위일 뿐이다. 유권자들은 선거 주기마다 자신들의 근본적인 정치적 의지를 재고하지 않는다. 새로운 이슈나 환경을 고려할 때, 그들은 자신의 근본적인 의지를 문제 삼고 수정하기 위해서 그것들을 고려하는 것이 아니다. 자신들과 일치하는 선호와 신념을 만들어 그러한 의지를 강화하기 위해서 고려한다. 그리고 그러기 위해서 투표한다. 그들은 자신들이 스스로 사고하는 것처럼 말하고, 스스로 사고한다고 느낀다. 하지만 그들은 당파적 충성심으로 생각하고 행동할 뿐이다.

정치적 합리화는 정보를 잘 갖추고 있고 정치적으로 참여도가 높은 사람들에게서 오히려 더 강하게 나타난다. 그런 사람들의 경우 근본적인 정치적 의지가 일관적이고, 강하게 유지되기 때문이다. 고립되거나 일탈한 개인들은 집단 활동에서 무시받거나 따돌림당하거나 차별받는 경향이 있다. 따라서 대부분의 사람들은 집단의 구성 자격과 집단을 지탱하는 자기 정당화의 논리에 강하게 이끌린다. 정당 일체감과 당파적 충성심이야말로 민주주의 집단이론의 핵심 메커니즘이다.

부족주의와 진영논리를 인정해야 현실정치의 답을 구할 수 있다

에이큰과 바텔스의 이론은 전 세계를 휩쓸고 있는 정치 내전, 그리고 한국 정치에서 극심해지고 있는 정치 갈등을 해석하고 대안을 마련하는 데 커다란 시사점을 준다. 나는 서문에서 가장 현실적인 것이 가장 진실에 가깝다고 말했는데, 에이큰과 바텔스가 민주주의 집단이론을 '현실주의 정치학'이라고 제시한 것은 주목할 만하다.

현실적이지 못하면 결코 대안을 마련할 수 없다. 그런 점에서 오늘날 정치 내전 수준의 갈등과 민주주의 붕괴의 위기를 극복하려면 그 원인을 가장 현실적으로 파악해야 한다. 부족주의가 지배하는 정치 현실, 진영논리가 거의 모든 것인 현실정치를 인정하고 제대로 이해해야만 그것을 극복할 수 있는 대안도 마련할 수 있다. 그런 점에서 진영논리와 정당 일체감, 당파적 충성심을 이론의 중심에 놓고 정치를 분석하는 에이큰과 바텔스의 민주주의 집단이론은 의미가 크다.

그들이 너무 현실적이어서 유쾌하지도 않고 학문적 매력도 없는 주장을 내세우는 이유는 무엇일까? 이에 대해 그들은 민주주의 이론에서 가장 문제가 되는 것은 대중의 비합리성이 아니라 대중에 대한 이상주의적 기대라고 지적한다. 이는 성숙하고 진정한 민주주의의 본 모습을 볼 수 없도록 방해한다는 것이다.

기존의 낭만주의적 이론을 포기해야 지적인 명료함을 얻을 수 있으며 진정한 정치적 변화를 주도할 수 있을 것이라고 그들은 역설한다.

나아가 집단 민주주의 이론의 기저에 있는 심리를 진지하게 고려한다면 상당히 다른 규범적 결론에 이를지도 모른다고 주장한다. 평범한 유권자 집단이 원하는 것에 배타적 정체성 내지 부족주의적 지향성이 일정하게 포함되어 있다면, 유권자 집단에게 그들이 원하는 것을 주는 것이 언제나 바람직한 것은 아니라는 것이다. 따라서 앞으로 정치적·사회적 발전은 집단 정치가 어떻게 작동하는지에 대한 분명한 경험적 이해를 요구할 것이라고 에이큰과 바텔스는 강조한다.

오랫동안 현실정치에서 실무자로 일해 온 내 경험에 비추어 볼 때, 정치적 부족주의와 진영논리가 답답하게 느껴질 때도 많았지만 그것은 절대로 피할 수 없는 현실이었다. 특히 당내 경선 국면에서는 진영논리에서 벗어난 후보자는 절대로 승리할 수 없다. 정치에서 지지자의 요구를 대변하지 못하고, 지지자를 위한 언어를 구사하지 못한다면 생존이 어렵다. 이는 내가 《정치의 귀환》에서 강조한 점이기도 하다.

3장에서 제시하고자 하는 것은 왜 현실주의 정치이론이 지지자들의 결심, 부족주의를 강조하는지에 대한 면밀한 분석이다. 그리고 그것은 자유주의에 대한 비판인 동시에 현실주의적 접근일 수밖에 없다. 앞에서 살펴본 에이큰과 바텔스의 민주주의 집단이론이 그러했고, 이제 살펴볼 미어샤이머의 현실주의 외교이론 또한 그러하다.

미어샤이머, "자유주의는 민족주의와 현실주의에 백전백패한다"

이제 외교정책으로서의 자유주의의 한계를 분석한 존 미어샤이머 시카고대학교 교수의 《미국 외교의 거대한 환상》을 살펴볼 차례다. 미어샤이머가 말하는 '거대한 환상'이란 미국의 자유주의 패권정책을 의미한다. 더 명확히 하자면 자유주의 철학 자체를 의미한다. 저자는 이 책에서 자유주의를 체계적이고 통렬하게 비판한다.

그렇다면 미어샤이머 교수가 자유주의를 비판하면서 대안으로 제시하는 것은 무엇인가? 그것은 외교정책으로서의 현실주의다. 미어샤이머 교수는 현실주의 계통 국제정치학의 대가로, 그가 2000년대 초에 주창한 '공격적 현실주의offensive realism'는 지금도 유명한데, 그 이론을 다룬 책이 《강대국 국제정치의 비극》이다. 이 책의 주장을 요약하자면, 강대국은 힘을 위한 경쟁을 벌이는 일 외에 다른 선택이 없는, 마치 강철로 된 새장에 갇혀 있는 꼴이다. 언제라도 갈등이 일어날 수 있는 무정부 상태의 국제정치에서 강대국들이 믿을 것은 힘밖에 없고, 강대국에게 힘은 바로 생존을 의미한다는 것이다.

이는 강대국이 아닌 나라들도 마찬가지인데, 상대 국가의 의도를 확실하게 알 수 없는 국제질서에서 자국의 생존을 위한 가장 좋은 방법은 경쟁국과 비교해 상대적으로 강한 힘을 보유하는 것이다. 그래서 국가들은 군사적 자산을 극대화하려고 노력하고, 다른 나라들이 자국에게 위협이 될 정도로 힘을 증강시키지 못하게 하면서, 동시에 세력 균형을 자신에게 유리하게 변화시킬 기회를 추구해야 한다는 것이다.

이런 공격적 현실주의 입장에 근거해 미어샤이머 교수는 《미국 외교의 거대한 환상》에서 미국의 자유주의 패권정책을 거대한 환상이라며 비판한다. 미국의 자유주의 패권정책은 무엇인가? 그것은 냉전 종식 후에 형성된 단극 체제 하에서 유일 패권국이 된 미국이 자신의 이미지대로 세계를 변화시키려 했던 정책이다. 즉 미국은 세상을 자신의 모습대로 다시 만들고자 했던 것이다.

그러나 자유주의 패권정책은 시작부터 실패할 수밖에 없는 운명이었고, 실제로 실패했다. 자유주의 외교정책은 민족주의와 현실주의에는 상대가 되지 못하기 때문이다. 미어샤이머는 자유주의가 민족주의 또는 현실주의와 맞붙으면 백전백패한다고 지적한다. 그리고 막강한 민족주의와 현실주의라는 두 이념이 결합해서 현대 국제 체제 형성에 주도적인 역할을 하고 있으며, 이 두이념의 영향력은 앞으로도 지속될 거라고 전망한다.

미어샤이머는 한 가지가 전제된다면 이러한 상황이 바뀔 수 있는데, 그것은 세계국가의 출현이라고 말한다. 세계국가가 출현하년 국제 체제가 위계적인 체제로 변화될 것이고, 그런 경우에는 자유주의가 국제정치에 더욱 큰 영향력을 발휘하는 이념이 될 수 있다는 것이다. 그러나 세계국가가 출현할 가능성은 현실적으로 거의 없다. 현재의 국제 체제는 무정부 상태이며, 무정부 상태로 남아 있는 한, 자유주의는 국가의 외교정책을 위한 적절한 기반이 될 수 없다.

따라서 미어샤이머는 올바르게 이해된 자유주의는 현실주의를 배격하지 않아야 한다고 주장한다. 우리가 세계국가를 갖게 될 때까지는, 자유주의의 원칙에 깊이 공감할지라도 국제정치에 관해서는 현실주의자처럼 접근해야 한다는 것이다. 자유주의는 국내 정치에서 막강한 영향력을 행사할 수 있지만 국가들이 더 큰 세계정치를 다루는 영역에서는 그렇지 못하기 때문이다.

자유주의 한계이자 민족주의 강점
: 인간의 집단성, 부족주의

그렇다면 왜 자유주의는 민족주의에 질 수밖에 없는 것일까? 자유주의는 인간의 본성을 잘못 이해하고 있기 때문이라고 미어샤이머는 분석한다. 자유주의의 가장 큰 특징은 인간을 독립적 개인으로 취급한다는 것이다. 그런데 이런 사고는 인간의 본성에 대한 잘못된 견해라는 것이 미어샤이머의 주장이다. 그에 따르면 인간은 태어날 때부터 사회적 동물이다. 인간은 태어나 인생을 시작하면서부터 단 한순간도 사회와 연결되지 않은 상태인 적이 없다.

개인주의에 지나치게 몰두하는 것은 정치적 자유주의자들이 민족주의를 과소평가하도록 하는데, 사실 민족주의는 이 세상 모든 국가들에서 대단히 강력한 영향력을 행사하는 유난히 막강한 정치 이데올로기다. 자유주의와 민족주의가 한 나라 국경 안에서 공존할 수는 있다. 하지만 그 둘이 충돌하는 상황에서는 언제나 민족주의가 승리한다. 그런 까닭에 민족주의는 자유주의의 영향력에 심각한 제약을 가할 수 있다.

왜 그럴까? 그것은 민족주의가 자유주의보다 인간의 본성에 더 잘 맞기 때문이다. 자유주의는 인간 개개인에게 공동체에 속해 있다는 감정을 제공하는 데 실패할 수밖에 없다. 따라서 사회를 하나로 엮어 주는 융합의 원동력을 제공하지 못한다. 자유주의는 집단의 구성원들이 그들이 특별하고 존경받을 가치가 있으며, 활력이 넘치는 큰 집단의 한 부분이라는 사실을 느끼게 하지 못한다. 이와는 반대로 민족주의는 공동체를 강조하고 집단에 대한 개인의 책임을 중시한다. 민족주의는 훌륭한 전통과 밝은 미래를 가지고 있는 커다란 집단의 한 부분이 되고자 하는 개인들의 감정적 욕구를 충족시킨다.

자유주의에 의하면 개인은 자신이 속한 국가에 깊은 감정적 유대감을 느낄 필요가 없으며 개인이 국가를 위해 목숨을 바친다는 것은 상상할 수 없는 일이다. 반면 민족주의는 개인과 국가 사이에 강력한 유대감을 조성한다. 많은 사람들은 필요하다면 당연히 그들의 민족국가를 위해 싸울 것이고 죽을 수도 있다고 생각한다.

게다가 한 나라를 자유민주주의 국가로 만드는 일은 극도로 어려운 일이다. 왜냐면 각국은 그 자체로 깊은 뿌리를 가지고 있고, 많은 나라에서는 아직도 개인의 권리를 가장 중요한 것으로 인식하지 않기 때문이다. 더 나아가 자결을 의미하는 민족주의는 다른 나라가 자국의 국내 정치에 개입하는 것에 저항하도록 만든다. 이런 상황을 모두 고려하면, 외교정책으로서 자유주의는 문제의 근원이 된다.

그런데 미국인들은 이 같은 자유주의의 한계와 민족주의의 강점을 받아들이는 것을 아주 힘들어한다. 미국은 뼛속 깊이 자유주의적인 국가로서 미국의 외교정책 엘리트들은 민족주의와 현실주의에 대해 거의 조건반사적인 적대감을 가지고 있다. 그러나 이는 외교정책의 전선에서 골치 아픈 문제를 야기할 뿐이다. 그러므로 미국의 정책 결정자들이 자유주의적 패권정책을 포기할 수 있는 현명함을 갖춰야 한다고 미어샤이머는 역설한다. 또한 강대국들의 개입을 제약하는 민족주의에 대한 적절한 이해와 현실주의에 기초한 절제된 외교정책을 추구해야 한다고 제안한다.

이야기 본능, 어떻게 사회를 건설하고 해체하나

세계적인 석학이 쓴 책 두 권에 더해서 세 번째 책으로 넘어가자. 이번 책은 '이야기'라는 다소 의외의 소재로 볼 때에도 자유주의가 한계를 가질 수 있다는 점을 보여주는 책이다.

우리는 2장에서 사람들이 내부의 단결이나 외부에 대한 공격인 도덕적 분노를 담은 콘텐츠를 소셜미디어에서 널리 공유하면서 갈등을 부추기고 있다는 것을 살펴보았다.

미어샤이머는 자유주의의 이야기란 개인의 권리에 관한 이야기일 수밖에 없는데, 그런 이야기는 파괴력이 떨어진다고 지적한다. 개인의 권리는 보편적이고 양도 불가능하며 모든 사람이 중요하다는 주장은 정치와 외교라는 전장에서는 전투력이 떨어진다는 것이다.

이와 관련해 주목할 만한 책이 조너선 갓셜이 쓴 《이야기를 횡단하는 호모픽투스의 모험》이라는 책이다. 국내 번역본의 제목보다는 원제가 책의 내용을 더 잘 설명해 주는데, 원제는 'The Story Paradox: How Our Love of Storytelling Builds Societies and Tears them Down'으로, '이야기 역설: 스토리텔링에 대한 사랑이 어떻게 사회를 만들고 무너트리는가' 정도로 옮길 수 있겠다. 이 책은 제목 그대로 인간의 이야기 본능이 어떻게 사회를 건설하기도 하고 해체하기도 하는지를 분석한다.

갓셜은 이 책에서 인간의 언어가 진화한 목적이 이야기하기 위해서일 수 있다면서, 누가 부족의 규칙을 따르고 누가 그러지 않는지 뒷담화를 주고받기 위해서 언어가 생겼을 수 있다고 말한다. 뒷담화가 도덕 위반을 규제해 공동체가 순탄하게 돌아가도록 순기능을 하며, 이것이 인류가 도덕적 이야기를 좋아하는 이유이고, 또한 뒷담화와 유사한 '이야기'라는 것에 치유 불가능하게 중독된 이유라는 것이다.

이는 생화학적 연구로도 증명되는데, 감정을 자극하는 극적인 영화를 보면 신경계에서 엔도르핀이 분비되는 것처럼 스토리텔링 역시 마찬가지다. 감정을 자극하는 영화를 함께 보면 사람들 사이의 유대감과 소속감이 높아진다. 마찬가지로 스토리텔링 역시 뇌에서 유대감 화학물질을 분비하도록 자극해 사람들을 집단으로 묶고 집단 연대감을 강화한다.

이야기는 인류 진화에서 인간이 공동체 안에서 어떻게 협력하고 응집력을 유지할 것인가의 문제를 푸는 핵심적 해법으로 작용해 왔다. 이야기에 깃든 공동체성과 도덕관념은 진화한 도덕성을 그저 반영하는 데 그치지 않고 그것을 단단히 다진다. 600여 년 전 인쇄기가 발명되기 전까지 이야기는 지극히 공동체적인 활동이었고, 사람들은 함께 이야기나라로 이동해 똑같은 도덕적 경험을 하고 똑같은 생각과 감정에 휩싸였다.

인간의 이야기 본능,
부족적 갈등을 부추겨 내전으로 이어질 수도

잘 팔리는 이야기, 사람들이 좋아하는 이야기는 이런 진화적 목적에 맞을 수밖에 없고, 그런 이야기들은 보편적인 문법을 갖추고 있을 수밖에 없다. 그 보편적 문법이란 이런 것이다. 첫째, 우리는 구제불능 엉망진창의 세계에 살고 있다. 둘째, 이런 엉망진창의 세계에서 벗어나려 하는 착한 주인공이 있다. 셋째, 착한 주인공을 방해하고 문제를 일으키는 악당이 있다. 넷째, 주인공과 악당 사이에 선악의 대결이 벌어진다. 다섯째, 이때 선악의 대결은 당연히 지극히 도덕적이고 심판자적인 성격을 가져야 한다. 그리고 이런 보편적 문법의 이야기가 갖고 있는 단호한 도덕주의는 집단 내 유대감에 매우 긍정적으로 작용하기 마련이다.

이야기 본능은 여전히 인간의 본성에 뿌리 박혀 있다. 문제는 인간의 이야기 본능이 적절히 작용할 경우 사람과 사람을 부족으로 단결시켜 사회를 건설하기도 하지만, 잘못 작용하면 부족과 부족을 서로 대립하게 하는 해묵은 역할을 수행해서 사회를 붕괴시키기도 한다는 점이다. 특히 갓셜은 이야기 본능이 정치적으로 악용되어 사회적 갈등을 심화하고 내전 수준의 위기를 초래할지도 모른다고 경고한다.

"우리 조상의 세계에서는 강 건너편 부족을 악마화하는 것이 실제로 필요한 일이었는지도 모른다. 위험한 경쟁자가 될지도 모르니까. 게다가 악인들에게 둘러싸여 있다고 상상하는 부속일수록 스스로에 너욱 매달리고 더 단단히 뭉친다. (…) 이야기가 부족적 단합뿐 아니라 부족적 분열의 연장으로도 쓰이는 경향은 다문화적이고 다민족적인 사회에서도 줄어들지 않았다. 그 경향을 내버려 두면 이야기는 사회 내에서 극심한 부족적 갈등을 일으키며 어쩌면 문화적 분열과 심지어 내전 같은 참사로 이어질 수도 있다." (《이야기를 횡단하는 호모픽투스의 모험》, 194~195쪽)

갓셜은 '내전 같은 참사'를 걱정했는데, 군사적인 내전은 아니지만 정치적인 내전은 이미 세계 각국에서 이미 벌어지고 있고, 이런 상황에 인간의 이야기 본능은 대단히 위험하게 악용되고 있는 것이 사실이다. 이제 정치의 본질과 인간의 본성을 탐구하는 여행을 하기 위해 2부로 넘어가겠다.

2부

정치의 본질, 인간의 본성

4장

정치에 대한 두 가지 이론

●

1부에서 살펴본 것처럼 세계는 2016년 이후 확연히 바뀌었다. 자유주의 세계질서는 붕괴되고 있고, 세계 각국에서 포퓰리즘이 횡행하고 있으며, 내전 수준으로 정치 갈등이 심화되고 있다. 지금의 시대를 가리켜 '신냉전'이라고 표현하기도 하는데, 어떻게 보면 지금의 정세가 냉전 때보다 불안하다. 냉전 당시에는 민주주의 선진국들이 정치를 안정적으로 유지했다. 그러나 지금은 국제정치도, 일국 정치도 불안하다.

우리는 1부에서 그 원인으로 불평등·소셜미디어·부족주의를 분석했다. 지금의 정치 갈등 심화가 지난 30~40년 간 세계를 지배해 온 자유주의의 후퇴와 관련이 있음을 지적하고 그 대안을 제시하는 석학들의 주장을 살펴보았다. 그들은 모두 자유주의의 한계를 지적하면서 현실주의를 대안으로 제시했다. 현실주의적 정치이론으로서 민주주의 집단이론을 주창하기도 하고, 공격적 현실주의를 주창하면서 민족주의를 옹호하기도 했다.

그런데 이들에게 공통된 주장이 있었다. 그것은 바로 인간에 대한 이해였다. 인간의 본성이 개별성에 있다는 자유주의의 대전제가 틀렸기 때문에, 자유주의가 인간에게 잘못된 처방을 내리고 있다고 지적했다. 전 세계를 휩쓸고 있는 정치 내란은 이처럼 우리에게 정치란 무엇인지, 인간의 본성이 무엇인지에 대한 근본적인 성찰을 요구한다. 따라서 2부에서는 근본적 질문을 탐구하는 시간을 가질 것이다. 4장에서는 먼저 정치의 본질에 대해 깊이 있게 고민해 볼 것이다. 그리고 5장과 6장에서는 인간의 본성에 대한 새로운 접근을 시도할 것이다.

정치에 대한 네 가지 정의
: 통치, 공적인 삶, 권력투쟁, 타협과 합의

정치란 무엇일까? 영국의 정치학자 앤드류 헤이우드는 전 세계적으로 가장 많이 팔린 정치학 입문서 중 하나인 《정치학》에서 정치를 네 가지로 정의한다. 그것은 통치로서의 정치, 공적인 삶으로서의 정치, 권력투쟁으로서의 정치, 타협과 합의로서의 정치이다. 내용으로 볼 때 첫 번째와 두 번째 정의가 서로 대비되고,

세 번째와 네 번째 정의가 서로 대비된다고 할 수 있는데, 자세히 살펴보겠다.

첫 번째 정의인 '통치로서의 정치'는 국가가 해야 하는 일, 즉 통치를 정치라고 정의한다. 정치에 대한 가장 유명한 정의 중 하나인 데이비드 이스턴의 "정치란 가치의 권위적 배분 authoritative allocation of values"도 이에 해당한다. 가치에는 여러 의미가 있지만, 여기서 가치란 예산 및 자원 등을 비롯한 물질적 가치와 권력과 권한 등의 비물질적 가치를 총괄하는 개념이다.

두 번째 정의인 '공적인 삶으로서의 정치'는 아리스토텔레스가 말한 "인간은 정치적 존재"라는 규정과 관련되어 있다. 정치적 존재라는 번역은 '폴리스적 존재'라는 말의 의역이다. 아리스토텔레스는 인간이 도시국가인 폴리스 안에서 정치적 활동을 해야만 인간으로서의 가치를 실현할 수 있다고 생각했다. 인간은 폴리스 안에서 살아야만 하고, 폴리스 밖에서 살 수 있는 사람은 야수가 아니면 신뿐이라고 말했다. 정치에 참여하지 않는다면 신이 아닌 바에야 짐승과 다를 바 없다는 것이다.

공적인 삶으로서의 정치는 단순히 기능적인 의미의 정치가 아니라 좋은 삶을 영위할 수 있게 도와주는 정치다. 더 본질적 차원의 정치라고 할 수 있다. 정치 참여는 모든 시민들의 권리이자 의무이며, 모든 시민들이 공적인 영역을 공유하고, 공적인 삶을 향유하게 된다면, 사람들이 나라와 일체감을 느끼고 법의 지배를 자유와 동일시하게 될 것이다. 뒤에 살펴보겠지만 아리스토텔레스가 인간을 폴리스적 존재로 규정한 것에는 인간이 날 때부터 어떤 의무의 끈에 묶인 한 가족, 한 국가, 한 도덕 공동체의 성원이라는 생각이 바탕에 깔려 있다. 즉 인간의 본성은 개별성보다 집단성에 있다고 보았던 것이다.

이처럼 정치를 통치 내지 국가가 하는 일로 정의할 수도 있고, 시민들의 공적인 삶 내지 공적인 영역으로 정의할 수도 있다. 이 두 정의는 어쩌면 모순적인 것으로 보인다. 하지만 정치 자체가 모순적이기에, 이렇게 모순적인 정의가 함께 성립할 수 있다고 생각한다. 세 번째와 네 번째 정의는 더욱 그렇다.

정치에 대한 세 번째 정의는 정치를 '권력투쟁'으로 이해한다. 이 정의에 따르면 모든 인간관계는 권력관계이고 본질적으로 억압적이다. 또한 인간사의 모든 곳에는 정치가 존재한다. 마르크스주의나 페미니즘, 미셸 푸코 같은 철학자가 이런 입장인데, 뒤에 살펴볼 칼 슈미트의 입장 역시 이에 해당한다고 볼 수 있다.

네 번째 정의인 '타협과 합의로서의 정치'는 정치가 수행되는 방식에 초점을 맞춘 정의다. 정치란 조정과 합의를 통해서 문제를 해결할 수 있는 유일한 방법이라는 것이다. 《정치를 옹호함》을 쓴 버나드 크릭이 이에 해당되는데, 뒤에서 자세히 살펴보겠다.

정치를 권력투쟁으로 보는 세 번째 정의와 정치를 타협과 합의로 보는 네 번째 정의는 매우 상반되고 모순된다. 이 중 어느 한쪽의 입장을 택한 사람이 보기에 다른 한쪽의 입장을 택한 사람들은 이상한 사람일 수도 있다. 이는 현실정치에서 늘상 벌어지는 일이기도 하다. 하지만 현실에서 정치는 이 두 측면을 동시에 가지고 있다. 이 두 가지 정의를 칼 슈미트와 버나드 크릭의 입장을 중심으로 살펴보자.

칼 슈미트, '정치적인 것'이란 "적과 동지의 구별"

내가 지금까지 접한 정치에 대한 규정에서 가장 상반된 입장은 칼 슈미트와 버나드 크릭의 입장이다. 칼 슈미트는 《정치적인 것의 개념》에서 '정치적인 것'이란 "적과 동지의 구별"이라고 정의했다. 버나드 크릭은 《정치를 옹호함》에서 정치란 "잘 듣고, 잘 달래고, 조정해서 타협하는 것"이라고 정의했다. 한쪽은 살벌해서 피가 뚝뚝 흐를 것 같고, 다른 한쪽은 편안하게 마음을 열고 속내를 이야기할 것 같은 느낌이 든다. 하지만 만일 둘이 싸운다면 누가 이길지는 시작하기 전부터 결정되어 있는 것 같다.

먼저 칼 슈미트를 보자. 슈미트는 《정치적인 것의 개념》에서 도덕적인 것의 영역에서 최종적인 구별이란 선과 악이며, 미학적인 것에서는 아름다움과 추함이고, 경제적인 것에서는 이利와 해害, 예컨대 수익성과 비수익성이라면서, 정치적인 행동을 가능하게 하는 정치적 구별이란 적과 동지의 구별이라고 말한다.

그렇다면 슈미트가 말하는 적이란 누구인가? 이에 대해 슈미트는 정치에서 적이란 도덕적으로 악할 필요는 없으며, 미학적으로 추할 필요도 없다고 지적한다. 경제적인 경쟁자로서 등장해야 하는 것도 아니며, 어쩌면 적과 거래하는 것이 오히려 유리하게 보일 수도 있다면서, 적이란 바로 타인, 이방인이며, 낯설고 이질적인 존재면 족하다고 주장한다.

마찬가지로, 도덕적으로 악하고 미학적으로 추하고 경제적으로 해롭다고 해서 아직 적이 아닌 것처럼, 도덕적으로 선하며 미학적으로 아름답고 경제적으로 이롭다 해도 그것만으로는 그 말의 특수한 의미, 즉 정치적 의미에서의 동지가 되지 않는다. 슈미트가 말하는 적이란 공적인 적이다. 적이란 공적인 것이며, 사적인 영역과는 별개다. 적이란 현실적 가능성으로서 투쟁하는 인간의 전체이며, 그러한 전체와 대립하는 전체이다.

슈미트에 따르면, 정치적인 대립은 가장 강도 높고 극단적인 대립이다. 어떠한 구체적인 대립도 그것이 적과 동지의 편 가르기에 가까우면 가까울수록 점점 정치적인 것이 된다. 그렇기에 정치가는 투쟁에 대해서는 병사보다 더 잘 훈련되어 있을 수밖에 없는데, 정치가는 일생 동안 투쟁하지만 병사는 예외적으로만 싸우기 때문이다. 그리고 극단적인 정치적 수단으로서의 전쟁은 모든 정치적 개념의 기초에 이러한 적과 동지의 구별이 존재한다는 것을 가장 강렬하고 극단적으로 드러낸다고 슈미트는 주장한다.

버나드 크릭, 정치란 "잘 듣고, 잘 달래고, 조정해서 타협하는 것"

다음으로 버나드 크릭을 살펴보자. 크릭은 《정치를 옹호함》에서 정치란 "잘 듣고, 잘 달래고, 조정해서 타협하는 것"이라고 정의했다. 정치란 가능성의 기예이며, 인간 사회에서 필연적으로 발생하는 갈등을 폭력이나 강압이 아니라 조정과 합의를 통해 해결할 수 있는 유일한 방법이라는 것이다. 크릭은 시작부터 끝까지 조정conciliation을 강조한다. 조정이란 '말로 달래어 설득하고 회유하고 타협하는 모든 과정'이다. 그것은 모든 종류의 강압적 수단을 최대한 피하면서 이성적으로, 또는 감성적으로 상대와 대화를 통해 문제를 해결하려 하는 것이다.

따라서 크릭은 단일 교리 내지 전체주의를 대단히 경계한다. 단일한 정치적 교리나 신조는 정치적 조화를 파괴할 수 있다고 우려한다. 그런 교리나 신조가 지배하는 전체주의, 폭압 체제에서는 절대로 정치가 존재할 수 없다. 크릭에게 정치란 타협과 조정 자체인데, 전체주의나 폭압 체제에서는 타협과 조정이 없기 때문이다. 따라서 정치는 한 국가가 단일한 종족, 종교, 이해관계, 전통이 아니라 다양한 집단들로 구성된 집합체라는 사실을 깨닫고 그 사실을 받아들이는 데서 시작한다.

따라서 한 국가가 점점 더 하나의 통일체가 되어 가면, 점점 더 정치가 사라지고, 나아가 점점 더 국가도 사라지게 될 것이다.

왜냐면 국가는 본질적으로 하나의 복합체이기 때문이다. 국가가 복합체에서 통일체가 되어 갈수록 그것은 국가 대신 가정이 되고, 종래에는 가정 대신 개인이 될 것이다. 따라서 국가를 그런 통일체로 만들 수 있다 하더라도 그렇게 해서는 안 된다. 그 결과는 국가의 파멸일 것이기 때문이다.

그런 점에서 정치란 결국 정치다. 정치란 그 자체로 가치를 가진 무엇이며, 정치는 그 자체로 찬사를 받을 자격이 있다. 왜냐면 정치는 자유민의 마음을 사로잡는데, 정치의 존재 여부가 곧 자유의 기준이기 때문이다. 정치란 자유로운 인간의 공적 행위이며, 자유는 공적인 행위와 구별되는 사적인 일이다. 한마디로 정치란 자유 그 자체다. 정치가 실제로 이루어지는 방식은 종종 거칠고 불완전하지만 그 결과는 전제정치나 전체주의적 통치에 비해 늘 더 좋은 것이다.

그런 점에서 정치적 행위는 도덕적 행위의 한 유형이 될 수 있다. 칼 슈미트는 정치적인 것과 미적인 것, 도덕적인 것을 완전히 구분한 반면, 버나드 크릭에게 정치적 행위란 미적인 행위이기도 하고 도덕적 행위이기도 한 것이다. 크릭은 정치적 행위란 자유롭고, 창의적이며, 유연하고, 즐거움을 주는, 인간적 행위라고 주장한다.

그렇기 때문에 크릭은 모든 것을 정치화하려는 것은 오히려 정치 자체를 없애는 것이라고 경고한다. 인간사의 모든 것이 정치와 관련된 것으로 간주된다면, 그때의 정치는 실상 전체주의적인 것이 된다는 것이다. 따라서 정치가 존재하려면 정치와 무관한 것들이 반드시 존재해야 한다. 그중에서도 특히 정치와 무관해야 하는 것은 인간의 사랑과 같은 사생활이다. 크릭은 사람들의 행복을 보장할 수 있는 정부는 없는 반면, 사람들을 불행하게 만들 수 있는 능력은 어떤 정부나 다 가지고 있다면서 모든 것이 정치화되는 것을 경계한다.

크릭의 정치관은 유럽식 자유주의와 다원주의 정치관을 대표하는 것이다. 그에게 정치란 인간이 실제로 당면한 문제를 해결할 수 있는 유일한 행위다. 그리고 그 행위의 핵심은 매일매일의 조정에 있다. 그것 이외에 문제를 해결할 수 있는 방법은 없으며, 그러한 문제를 정치를 통해 해결하지 않으면 인간 사회는 문명으로부터 멀어지게 될 것이다.

정치가 모순적인 것은 인간 존재 자체가 모순적이기 때문

이상에서 우리는 정치에 대한 네 가지 정의를 살펴봤다. 그중 정치를 국가가 하는 일로 보는 것과 시민들의 공적인 삶으로 보는 것은 모순이었다. 또한 정치를 권력투쟁으로 보는 것과 타협과 조정으로 보는 것 역시 모순적인 정의였다. 나아가 정치적인 것은 적과 동지의 구별이라는 칼 슈미트의 주장과 정치란 잘 듣고, 잘 달래고, 조정해서 타협하는 것이라는 버나드 크릭의 주장 또한 극도로 상반되고 모순되는 주장이었다.

정치철학을 공부한 독자는 잘 알겠지만 칼 슈미트와 버나드 크릭이 살아온 삶과 정치관은 그들의 정치에 대한 정의만큼이나 상반된다. 칼 슈미트는 나치에 부역한 혐의로부터 평생 벗어나지 못한 독일의 정치학자인 반면, 버나드 크릭은 유럽식 진보적 자유주의와 다원주의를 대표하면서 영국 노동당과 함께 활동해 온 영국의 정치학자이다. 그런 만큼 이들이 전제하는 인간 존재에 대한 이해 역시 상반될 수밖에 없다. 이들 주장의 근본에는 인간의 본성이 집단성인가, 개별성인가 하는 쟁점이 숨어 있다.

이 점이야말로 정치에 있어 가장 중요한 근본 문제라고 할 수 있다. 인간의 집단성과 개별성의 관계는 인간의 본성에 대한 이해에서 가장 중요한 문제인 것이다. 지금까지의 정치이론은 인간의 본성이 개별성에 있다고 전제했다. 사회계약설이 대표적이다. 그러나 앞서 3장에서 살펴본 것처럼 현실정치가 보여주는 바는 전혀 그렇지 않았다. 오히려 현실정치에서 드러나는 인간은 집단성에 더욱 지배되는 존재였다. 그렇다고 항상 그런가 하면 또 꼭 그런 것도 아니다.

인간 존재는 언제나 모순적이다. 인간은 본질적으로 사회적인 동물인 동시에 개인적인 존재다. 인간은 집단적이고 이타적인 존재인 동시에 개별적이고 이기주의적인 존재다. 정치란 인간의 본성인 집단성과 인간의 이상인 개별성을 동시에 만족시켜야 하는 그 무엇이다.

모든 정치 집단이 원하는 승리는 인간의 두 가지 본성인 집단성과 개별성을 어떻게 활용하는가에 따라 결정된다. 하지만 결국 정치란 인간 본성의 집단성에서 발생한 것이기에 승리의 관건은 결국 집단성의 자극일 수밖에 없다. 정치가 발휘할 수 있는 힘은 언제나 인간의 집단성에서 나왔다.

5장

인간은 왜 집단적 존재인가?

●

이제 인간의 본성에 대해 살펴볼 때가 되었다. 정치이론가들이 정치란 무엇인지 정의할 때 인간의 본성에 대한 생각을 전제하고 있기 때문에, 인간의 본성에 대한 심도 깊은 고민이 없다면 정치의 본질에 대한 심도 깊은 고민도 있을 수 없다.

실제로 "정치란 가치의 권위적 배분"이라고 말한 이스턴도, "인간은 정치적 존재"라고 말한 아리스토텔레스도, "적과 동지의 구별"이 '정치적인 것'의 정의라는 슈미트도, 정치는 타협과 조정이라는 크릭도 인간 본성에 대한 나름의 사고를 전제하고 있다. 3장에서 살펴본 현실주의적 정치이론으로서 민주주의 집단이론도, 민족주의를 옹호하는 공격적 현실주의도 인간본성에 대한 고민을 주요한 논거로 삼고 있다.

5장과 6장에서는 인간의 본성에 대한 정치철학자의 주장과 더불어 진화생물학, 고생물학, 고고학의 연구 결과도 함께 살펴볼 것이다. 먼저 5장에서는 사회계약론의 주장과 달리 인간은 처음부터 집단적 존재였고, 인간의 본성은 집단성이라는 점을 살펴볼 것이다. 이어서 6장에서는 어떻게 인간의 개별성, 즉 개인이 발명되었는지, 그러한 발명의 역사적 결과는 무엇인지, 개별성이 인간의 이상이 될 수 밖에 없는 이유는 무엇인지를 살펴볼 것이다.

로빈슨 크루소가 영향을 미친 근대적 인간형, 경제적 인간

주인공의 이름이 소설의 제목인 《로빈슨 크루소》는 영국에서 1719년에 발표된 뒤로 문학은 물론 사상과 경제 분야에까지 큰 영향을 미쳤다. 무인도에서 혼자서 생존하는 로빈슨 크루소는 자유주의 주류경제학이 기본 전제로 상정하는 '경제적 인간'(호모 이코노미쿠스)이라는 근대적 인간형을 발명하는 데 기본 바탕이 됐다.

자유주의 경제학이 설명하는 시장의 기원은 이렇다. 로빈슨 크루소처럼 자급자족하던 인간이 필요에 의해 물물교환을 하고, 물물교환이 불편해지니 화폐를 만든다. 또 정당한 교환이 아니라 무력을 동원해 약탈하는 무리들이 생기고, 이런 무리들이 시장 질서를 교란하니 이를 바로잡기 위해 국가가 생겼다. 당시 학문 수준에서, 시장을 만들고자 하는 본성은 자연스러운 것으로 이해되었다. 하지만 인류학적 증거에 따르면 이는 사실이 아니다.

자유주의 경제학이 태동하던 18세기에는 과학적이고 체계적인 고고학이나 현대적인 과학적 방법의 역사 연구가 아직 충분히 발달되지 않았다. 그래서 인류 초기 역사를 탐구하기 위해 상상과 추측의 방법을 썼고, 18세기까지는 그것이 문제되지 않았다. 하지만 19세기를 거치면서 인류학적, 역사학적 발견이 폭발적으로 이루어졌다. 역사학이 과학이라는 인식은 19세기에야 생겼다. 제국주의 학문이라 할 수 있는 인류학은 제국주의 열강이 세계를 지배하게 된 20세기 초부터 본격적으로 발달하기 시작했다. 역사학과 인류학 발전의 첫 번째 수혜자는 막스 베버(1864년~1920년)다. 그 정도가 되어서야 어느 정도 자료가 축적된 것이다. (이상은 홍기빈 글로벌정치경제연구소장이 칼 폴라니의 《거대한 전환》을 번역한 후에 진행한 강연에서 시장경제의 한계와 사회의 중요성을 강조한 부분에서 일부 인용했다.)

18세기와 19세기에 만들어진 자유주의 경제학이 전제하는 경제적 인간은 로빈슨 크루소 같은 개별적 존재였고, 자급자족하는 경제 주체였다. 자유주의 경제학은 경제적 인간에게 두 가지 특성을 부여했다. 첫 번째는 합리적이라는 것이고, 두 번째는 이기적이라는 것이다. 합리적이라는 것은 이익을 위해서 자신을 적절히 조절하고, 단기적으로뿐만 아니라 장기적으로도 자신에게 불이익이 될 일은 하지 않는다는 것이다. 이기적이라는 것은 자신에게 이익이 될 기회가 생기면 주저하지 않고 다른 사람들을 따돌리고, 이익이 될 행동이라면 어떤 일이라도 서슴지 않고 행한다는 것이다.

이처럼 경제적 인간은 극히 합리적으로 행동할 뿐만 아니라 타인을 전혀 배려하지 않고 오로지 자신의 이익만을 추구하는 사람이다. 그러나 이런 인간은 현실에서는 발견하기 힘든 유형이다. 경제학을 주도하고 있는 주류경제학은 어찌 보면 이런 비현실적인 인간형을 전제로 성립된 학문이다. 이런 비현실성에 대한 지적이 계속되면서 사람이 실제로 어떻게 행동하는지, 왜 그렇게 하는지, 행동의 결과로 어떤 현상이 벌어지는지를 주제로 토론하는 경제학이 새롭게 나왔다. 바로 행동경제학이다.

행동경제학은 인간 행동의 실제와 원인, 인간 행동이 경제와 사회에 미치는 영향, 또한 사회 내에서 인간의 행동을 조절하기 위한 정책을 체계적으로 규명하는 것을 목표로 하는 경제학이다. 행동경제학은 인간이 합리적이고 이기적이라고 전제하지 않지만, 그렇다고 인간이 완전히 비합리적, 비자제적, 비이기적이라고 주장하지도 않는다. 다만 인간이 완전히 합리적이고, 완전히 자제적이며, 완전히 이기적이라는 점만은 부정할 뿐이다.

개별적 존재로서의 자유주의적 인간
: 홉스와 로크의 인간관

18세기 후반부터 19세기 초기에 자유주의 주류경제학은 경제적 행동의 합리성과 이기성을 강조해 개별적 존재로서 경제적 인간을 이해하는 관점을 발전시켰다. 그런데 정치학에서 인간을 개별적 존재로 상정하기 시작한 것은 그보다 앞선 17세기부터였다. 1651년 발표된 토머스 홉스의 《리바이어던》으로 시작해 존 로크, 루소로 이어지는 사회계약설에서 그 흐름이 형성되었다. 이들 세 사람은 '자연 상태'에 대한 규정에서 출발해 인간에 대한 새로운 개념을 정립했는데, 서양철학의 전통에서 자연 상태 이론은 근대 자유민주주의의 근간이 되는 정의론과 정치질서론을 이해하는 데 핵심적이다.

우리가 당연시하는 개성과 개인은 17세기에 생기기 시작한 개념이다. 르네상스 시대와 훨씬 나중까지도 사람들은 스스로를 특정한 가족, 신분, 길드, 종교 분파, 도시의 성원으로 여겼다. 그리고 이런 식의 존재 인식은 서구를 제외하면 전 세계 모든 지역, 모든 시기에 마찬가지였다. 스스로를 자기 자신이라고 생각하는 새로운 관념의 기원은 부분적으로는 홉스와 그의 시대 몇몇 저술가들로까지 거슬러 올라갈 수 있다.

어쩌면 홉스의 철학에서 가장 중요한 점은 개인을 정치철학의 중심에 놓았다는 것이다. 홉스는 자연 상태에서 하고 싶은 대로 할 수 있는 각 개인의 자연권에서 주권자의 권력을 끌어낸다. 홉스의 설계에서는 권리가 주된 것이고 의무는 파생적이다. 홉스에게서 흥미로운 역설 중 하나는, 그가 그의 개인주의에도 '불구하고'가 아니라 바로 그 개인주의 '때문에' 절대주의적 군주를 정당화했다는 사실이다. 그가 말하는 자연 상태는 "만인의 만인에 대한 투쟁"의 상태이고, 따라서 절대주의적 군주가 요청된다. 비록 그렇다고 할지라도, 홉스를 자유주의의 아버지로 만든 것은 의무보다 앞선 권리의 우선성이다.

그가 주장한 개인의 자유는 고대인들이 주장했던 자유와는 달랐다. 고대인에게 자유는 자치 공화국(폴리스)의 한 성원이 된다는 의미였다. 자유는 '개인의 소유'가 아니라 개인이 한 성원으로 속한 '체제의 재산'이었다. 그러나 이러한 집단적 자유와는 달리, 홉스는 근대적 개념의 자유를 제시했다. 홉스가 말하는 자유란 행동에 대한 제약이나 방해가 없는 상태를 뜻한다.

로크는 홉스의 사회계약론을 더욱 발전시켰다. 그에게 자연 상태란 아리스토텔레스가 말한 것처럼 지배하고 지배당하는 상태가 아니라 '완전한 자유'의 상태다. 아리스토텔레스가 인간을 날 때부터 어떤 의무의 끈에 묶인 한 가족, 한 국가, 한 도덕 공동체의 성원이라고 이해했던 반면, 로크는 시민 권력 기구도 없고 시민적 의무도 없는 조건을 자연 상태로 보았다. 로크에게 자연 상태는 평화와 사교성, 도덕률이 지배하는 도덕적 상황이다.

로크의 《통치론》의 핵심은 소유권이다. 인간 본성에 대한 로크의 생각에서 '소유물을 획득하는 인간'이라는 개념은 큰 부분을 차지한다. 소유물에 대한 권리는 우리 자신의 노동에서 나온다. 우리가 어떤 일에 우리 노동력을 썼다는 사실이 우리에게 그에 대한 소유권을 부여한다. 노동은 만물의 공통된 어머니인 자연이 행한 것보다 더 많은 것을 자연에 첨가한다. 그리하여 소유물은 그의 사적인 권리가 된다는 것이다.

로크에게 세계는 '근면하고 합리적인 사람들', 다시 말해 자기 자신의 노동으로 모든 것을 풍요롭게 증대하고 향상하는 사람들의 것이었다. 노동을 행함으로써 토지를 갖게 된 사람은 인류 공동 자산의 가치를 줄이는 것이 아니라 오히려 증대하는 것이라고 그는 말했다. 로크의 《통치론》에서 애덤 스미스의 《국부론》까지는 비교적 작은 한 걸음만 필요했을 뿐이었다.

사회란 쇠사슬일 뿐 : 루소의 인간관

루소는 사회계약론이 인간의 원초적인 모습을 개별적 존재로 전제한다는 것을 가장 분명하게 보여준다. 특히 그의 《인간 불평등 기원론》에는 이러한 묘사가 잘 나타나 있다. 인류 역사에 대한 가상적 추론을 통해 루소가 상상한 원초적 자연 상태의 인간은 "고독하고 무사태평하고 평화로우며, 건강하고 튼튼하며, 자연의 환경에 잘 적응하고 생각도 정열도 없고, 예측도 기억도 없는 동물"이었다.

루소가 묘사한 원초적 자연 상태의 인간은 이렇다. 원시의 인간은 일도 언어도 거처도 없고, 싸움도 교제도 없으며, 타인을 해칠 욕구가 없듯이 타인을 필요로 하지도 않고, 어쩌면 동류의 인간을 개인적으로 단 한번도 만난 적 없이 그저 숲속을 떠돌아 다녔을 것이다. 그는 얼마 안 되는 정념의 지배를 받을 뿐 스스로 자족하면서 자신의 상태에 맞는 감정과 지적 능력만을 갖고 있었다. 원시의 인간은 자신의 진정한 필요만을 느꼈고, 눈으로 보아 흥미로운 것만 쳐다보았다.

루소가 생각한 자연 상태의 인간은 깊이 생각하지 않는 존재이기 때문에 선악 개념에서 벗어난 존재였다. 또한 쉽사리 양식을 찾을 수 있고 무한히 넓은 공간에서 홀로 떨어져 살기 때문에, 공격성을 보이거나 적과 다툴 이유가 없는 존재였다. 규칙도 구속도 없이 살기 때문에 자유롭고, 자족적인 삶을 누리기 때문에 누구에게도 예속되지 않는 존재였다. 이처럼 루소가 생각한 자연 상태의 인간은 속박에서 전적으로 자유로운 존재이고, 불평등의 악에서 완전히 해방되어 있었다.

그런데 이런 인간이 어떻게 해서 그 행복했던 상태를 상실하게 되었나? 인간은 어떻게 해서 만인이 평등을 향유할 수 있었던 원초적 자연 상태를 잃어버리게 되었나? 그에 대해 루소는 사회라는 쇠사슬 때문이라고 말한다. 자연적 장애, 다른 동물들과의 다툼, 인간의 수적 증가에 따른 먹이의 상대적 결핍 등으로 인해 숲속을 홀로 떠돌며 지내던 인간은 점차 한데 모여 함께 살아가게 되었고, 이때부터 불평등, 부자유와 같은 인간의 고통이 발생했다고 주장한다. 루소가 《사회계약론》의 맨 앞에서 "인간은 자유롭게 태어나 어디서나 쇠사슬에 묶여 있다"라고 말한 것도 이런 의미다.

루소에 따르면, 공동생활의 경험은 자연 상태의 인간이 알지 못했던 새로운 개념과 감정을 낳았다. 인간은 이제 타인들에게 인식될 뿐만 아니라, 가장 강한 사람이나 가장 아름다운 사람으로 비치기를 바라게 되었다. 인간의 존재가 상대화되고 타인의 시선으로 자신을 정의하기에 이른 것이다. 그리고 이는 인간들 사이의 "불평등을 향한, 그리고 동시에 악덕을 향한 첫걸음"이 되었다.

서로의 차이에 대한 비교의식과 자신의 우월성을 대중적으로 확인받고 싶어 하는 욕구가 소유욕과 결합하면서 상황은 더욱 악화된다. 요컨대 혼자서 두 사람 몫의 양식을 차지하는 것이 유리하다는 것을 알아차리자마자 평등이 사라지고 소유가 도입되었다. 더 많은 노동이 필요해졌으며 광대한 숲은 인간이 땀으로 적셔야 할 들판으로 변했고, 머지않아 그 들판에서 수확과 더불어 예속 관계와 그에 따른 비참함이 싹터 증가하게 되었다는 것이 루소의 이야기다.

홉스의 폭력적인 자연 상태, 즉 사람이 "쓸쓸하게, 가난하게, 더럽게, 무식하게, 짧게" 살 수밖에 없다는 그 유명한 자연 상태는 흔히 루소가 《인간 불평등 기원론》에서 제시한 보다 평화적인 자연 상태와 대조된다. 이에 대해 루소는 홉스가 발견한 인간상이 사실은 자연 상태의 인간상이 아니라고 한다. 《리바이어던》에 묘사된 폭력적인 인간 존재는 사실 수천 년 동안 사회가 발전하면서 끼친 악영향의 산물이라는 것이다.

루소에게 자연 상태의 인간은 외톨이, 수줍고 겁 많은 존재다. 다른 사람과 싸우기보다 피하는 쪽을 선택한다. "자신의 육체적 욕구 이상의 것을 결코 욕망하지 않는다. 그는 재화를 원하는 게 아니라 먹을거리, 이성異性, 휴식을 원할 뿐이다." 따라서 정치사회의 등장은 자연 상태로부터 구원받는 것이 아니라 자연 상태를 잃어버리고 구속의 틀에 묶이는 것이었다.

진화생물학, 인류학
: 인간은 처음 진화할 때부터 사회적 존재였다

이처럼 루소를 비롯한 사회계약론자들은 개인을 사회보다 우선하는 것으로, 사회는 개인이 모여서 자발적으로 창조한 인위적 건축물로 보았다. 자연 상태에서 개인은 자유로운 행위자이며, 개인들이 상호 이익을 위해 사회와 정부를 형성했다고 생각했다. 개인들이 형성한 사회적 집단들은 본질적으로 개인들의 군집이며 이는 개인들의 정체성을 의미 있게 대표하는 것이 아니다. 그것은 정략결혼과 같은 것이다. 이러한 주장은 홉스, 로크,

루소를 거치며 확장되었다. 특히 루소는 인간은 고독하고 개별적이며 자유로운 존재인 반면, 사회가 인간을 쇠사슬처럼 구속한다고 주장했다.

루소는 《인간불평등 기원론》과 《사회계약론》을 쓰면서 인류 역사의 초기를 이해하기 위해 상상과 추측이라는 방법을 썼다. 당시에는 고고학이나 인류학, 역사학적 연구 방법이 없었기 때문이다. 그러나 이제 우리는 초기 인류 사회와 인간의 진화 과정에 대해 많은 지식을 쌓아 놓고 있다. 그에 비춰볼 때 루소의 주장은 옳을까?

지금까지의 연구 결과를 보면 루소의 주장은 인간의 본성에 대한 잘못된 견해이다. 루소의 주장은 중요한 지점에서 틀렸다. 특히 초기 인류가 개인주의적이고 고독한 존재였다고 주장한 점이 틀렸다. 그것은 인간의 본성에 관한 명백한 오류다. 지금까지 인류가 쌓은 진화생물학, 고생물학, 인류학, 고고학의 연구 결과에 따르면 초기 인류는 처음부터 사회성이 강했다. 또한 전쟁이 농업과 국가, 문명의 등장과 함께 시작된 '문화적 발명품'이라는 루소의 주장 역시 사실이 아니었다. 전쟁 역시 인간에게는 본능적인 것이었다.

오히려 인간이란 처음 진화할 때부터 사회적 존재였고, 여전히 태어날 때부터 사회적인 동물이라는 것이다. 인간은 태어난 후 잠깐이라도 사회와 연결되지 않은 채 자연 상태로 사는 일이 없다. 우리 모두는 무력한 갓난아기 상태로 삶을 시작한다. 그리고 적어도 우리 인생 중 10년 정도는 타인에게 전적으로 의존하면서 산다. 이 기간 동안 우리 주변에 있는 사람들은 세상을 어떻게 보아야 하고 어떻게 생각해야 할지에 대해 우리에게 깊은 영향을 미친다. 우리의 개인주의는 필연적으로 우리의 이성적 사고 능력에 의존하며, 이성을 계발하기 위해서는 적어도 사회 속에서 성장하는 시간이 필요한 것이다.

침팬지도 고릴라도 전제주의적인 집단생활을 한다

초기 인류에 대한 진화생물학, 고생물학, 인류학, 고고학의 연구 결과를 더 자세히 살펴보겠다. 먼저 침팬지와 고릴라를 관찰해 보자. 생물 분류상 사람과에 속하는 현생인류(호모 사피엔스)와 가장 가까운 종은 침팬지고, 그다음이 고릴라다. 현생인류는 600만 년 전에 침팬지와의 공통 조상으로부터 분화되어 나온 것으로 추정된다. 약 500만 년 전에 등장한 우리의 조상은 오스트랄로피테쿠스인데, 그들은 두 발로 걷는다는 것 외에는 거의 침팬지와 비슷했다. 따라서 침팬지의 생활을 보면 인간의 본성의 근원에 대한 힌트를 얻을 수 있을 것이다.

침팬지는 인간 수준에는 못 미칠지라도 나름의 집단을 형성해 생활한다. 침팬지 집단은 우두머리 수컷이 이끄는데, 이 우두머리 수컷은 경쟁자들을 폭력적으로 제압하고 살해하는 등 결코 평등하지 않은 집단을 형성한다. 침팬지의 사회구조는 전제적이라고 말할 수 있을 정도다.

침팬지는 큰 무리를 지어 사는데 수컷과 암컷의 비율이 거의 같다. 수컷은 수컷대로, 암컷은 암컷대로 각각 서열이 있다. 수컷은 암컷에 비해 몸집이 훨씬 크고 힘이 세기 때문에 암컷은 예외 없이 성장한 수컷에 복종한다. 우두머리 수컷은 돌아다니며 모두를 괴롭히고, 두 번째로 서열이 높은 수컷은 우두머리 수컷만 빼고 나머지 모두를 괴롭히는 식으로 내려간다. 서열이 높은 수컷일수록 짝짓기를 할 기회가 많고 새끼도 많이 낳는다. 침팬지의 위계를 결정하는 것은 주로 각 개체의 물리적 힘과 싸움 실력이다. 그러나 침팬지 수컷들은 힘을 합칠 줄도 알아서, 약한 놈 둘이 제휴해 강한 놈 하나를 제압하기도 한다. 흔한 일은 아니지만 서열이 낮은 여러 마리가 반란을 일으켜 아주 고약한 우두머리 수컷에 대항하기도 한다.

고릴라 역시 마찬가지다. 고릴라들에게도 무리마다 '실버백'이라는 지배자 수컷이 있다. 이 수컷은 무리가 이동하는 시기와 장소를 결정하고 명령을 내린다. 그리고 이 실버백이라는 지배자 수컷만이 무리 속의 암컷들과 짝짓기를 할 수 있다. 암컷들도 각자 서열이 있어 맨 위에 우두머리 암컷이 있다. 태어날 때 성비는 1대 1이고 실버백은 짝이 여럿이기 때문에, 대다수의 수컷은 짝 없이 지내야 한다. 고릴라는 침팬지보다 더 전제주의적인 집단을 형성해서 생활하고 있는 것이다.

인간에게 가장 가까운 침팬지와 고릴라를 관찰해 보면 루소가 상상했던 원초적 자연 상태의 인간과는 조금의 유사성도 없다. 집단을 이루어 생활하는 것은 물론이요, 대단히 전제적이고 폭력적인 집단생활을 한다. 그에 비하면 인간이 평등주의적일 정도다.

인간은 출산도, 육아도, 성장도 사회적 과정을 통해서 한다

그렇다면 오스트랄로피테쿠스는 어땠을까? 이들은 루소가 상상했던 원초적 자연 상태와 비슷했을까?

오스트랄로피테쿠스는 직립보행을 한다는 것 말고는 침팬지와 거의 비슷했다. 우리 조상이 인간으로서 처음 갖게 된 특징은 바로 직립보행이었다. 그것 때문에 오스트랄로피테쿠스는 출산 과정에서 침팬지와는 완전히 다른 특성을 갖게 되었다. 직립보행을 위해서는 골반의 구조가 바뀌어야 하는데, 그로 인해 산모의 산도가 좁아진 것이다.

그리고 200만 년 전에 현생인류가 속하는 호모 속의 고인류들이 진화했다. 호모 하빌리스, 호모 에렉투스가 그들이다. 이때부터 두뇌의 용량이 급격하게 늘어났는데, 특히 호모 에렉투스는 사냥을 하고 고기를 먹기 시작함으로써 급격하게 두뇌의 크기가 커졌다. 침팬지의 두뇌 용량은 450cc인데 반해 오스트랄로피테쿠스는 400~600cc로 좀 커지기는 했지만 고만고만했다. 그런데 호모 하빌리스는 600~700cc, 호모 에렉투스는 800~1,000cc로 갑자기 두뇌 용량이 늘어났다. 현생인류인 호모 사피엔스는 1,400~1,600cc다.

직립보행으로 산모의 산도는 좁아지고, 두뇌의 크기는 커짐에 따라 출산이 대단히 어려워졌다. 게다가 인간의 태아는 어깨까지 있어서 좁은 엄마의 산도를 통과하기 위해 몸을 한 바퀴 돌릴 수밖에 없다. 그래서 태아는 산모의 앞이 아니라 뒤를 보면서 세상에 나오게 된다. 산모가 태아를 혼자 낳을 수가 없고 다른 사람이 아이를 받아줘야만 한다. 유인원은 산통이 오면 혼자서 조용한 곳으로 가서 차분하게 출산한다. 반면 인간은 산통을 느낄 때 누군가를 찾도록 되어 있다. 그것은 진화의 결과다.

인간의 두뇌는 태어날 땐 매우 작은 데다가 유전성이 낮기로 유명하다. 인간의 두뇌는 태어나서 사회적 관계 속에서 형성된다는 뜻이다. 침팬지는 태어날 때 두뇌 크기가 성체 침팬지의 45%인 반면, 태어날 때 인간의 두뇌 크기는 성인 인간의 30%이다. 침팬지는 태어날 때의 두뇌 크기에서 두 배 반만 성장하면 되지만, 인간은 무려 세 배 반이 커져야 하는 것이다.

출산 이후에 젖을 먹여서 두뇌를 키운다. 출생 후 인간의 두뇌 크기가 두 배가 되는 때가 첫돌 무렵이다. 인간의 뇌는 생후 10년 정도면 그 크기가 성인과 비슷한 수준에 이르는데, 이후에도 뇌의 발달은 계속된다. 뇌의 부분들이 연결되며 기능이 완성

되는 과정은 성인이 된 이후에도 계속된다. 인간 두뇌의 성장은 그야말로 장기 프로젝트요, 사회적 프로젝트인 것이다.

이처럼 인간은 너무도 무력하게 태어나서 오랜 시간을 키워야만 제대로 사람 구실을 할 수 있다. 아프리카 속담 중에 "한 아이를 키우려면 온 마을이 필요하다"는 말이 있다. 그 속담처럼 인간의 아이는 사회가 나서서 함께 키워야 하고 그것이 인간은 처음부터 사회적 존재였던 이유다.

인간이 집단을 이루어 살아 온 것은 농경 이후가 아니다. 농경의 역사는 1만 년밖에 안 된다. 호모 속이 등장한 200만 년 전에도 인간은 집단적인 존재였고, 아마 500만 년 전 오스트랄로피테쿠스가 등장할 때도 마찬가지였을 것이다. 그보다 더 이전에 살았던 인간과 침팬지의 공통 조상 역시 집단적인 존재였을 것이다.

그 오랜 세월의 생활습관은 인간의 DNA에 인간의 본성으로 각인되어 유전된다는 것이 진화심리학의 믿음이다. 물론 인류가 지금처럼 진사회적 동물이 된 것은 호모 사피엔스 이후인 것은 분명하지만, 그렇다고 그 이전의 고인류가 개별적 존재였던 것은 아니다. 인류는 항상 집단적 존재였고, 사회적 존재였다. 그리고 그것이 인간의 본성이다.

인간의 이타성과 집단성은 외부인에 대한 배타성이 전제된 것

인간이 근본적으로 개별적 존재인지 집단적 존재인지 여부는 인간이 이기적인 존재인지 이타적인 존재인지 여부와도 긴밀하게 관련된다. 앞서 살펴보았지만 주류경제학이 전제하고 있는 인간형인 경제적 인간은 극히 합리적으로 행동할 뿐만 아니라 타인을 전혀 배려하지 않고 오로지 자신의 이익만을 추구하는 사람이었다. 과연 그렇다면 어떻게 함께 잘 사는 사회를 만들고자 하는 복지국가가 가능할 것인가? 이기적인 인간들로만 구성된 사회에서 어떻게 사회적 평등을 추구하는 진보적 정책이 수용될 수 있을까?

이는 평등한 세상, 함께 잘 사는 사회, 기본적인 삶이 보장되는 복지국가를 만들기 위해 노력하는 진보세력에게는 매우 중요한 문제였다. 그래서 그런 세상을 추구하는 진보적 학자들은 인간의 본성에 숨겨진 이타성을 찾아내기 위해 많은 연구를 했다. 그를 통해 복지국가와 진보적 정책의 철학적 기반을 삼으려는 의도였다. 세계적으로도 이런 연구가 많았지만, 특히 한국에서 이에 대한 연구가 많았다.

이와 관련해 많은 책이 발간되었지만 최정규 경북대학교 교수의 《이타적 인간의 출현》은 특히 주목할 만한 책이다. 일종의 개괄서이기도 한 이 책에서 최정규 교수는 인간이 왜 이타적일 수 있는지에 대한 게임이론 내지 진화심리학적인 일곱 가지 가설을 소개한다. 첫 번째는 혈연선택 가설이고, 두 번째는 반복-상호성 가설, 세 번째는 유유상종 가설, 네 번째는 값비싼 신호 보내기 가설, 다섯 번째는 의사소통 가설, 여섯 번째는 집단선택 가설, 일곱 번째는 공간구조 효과 가설이다. 이 책의 주제와 벗어나기 때문에 자세한 내용을 소개하지는 않겠지만, 직접 읽어 보기를 추천한다.

《이타적 인간의 출현》에서 더 주목되는 대목은 따로 있다. 바로 지금 우리가 살펴보고 있는 인간의 집단성 본능과 관련해 매우 주목할 만한 연구 결과이다. 그것은 인간의 집단적 본능이란 어떤 기준으로든 내부인과 외부인을 가르고, 내부인과 외부인에게 다른 태도를 보이는 '배타적인 집단성'이라는 점이다. 인간의 집단적 본능이란 모든 이들에게 보편적으로 이타적인 집단성이 아니라 내부 사람에게만 이타적이며 외부 사람에게는 배타적인 '차별적 이타성'이자 '차별적 집단성'이라는 것이다. 그 기준은 인종이 되기도 하고, 학연이나 지연, 혹은 더 나아가 민족이 되기도 한다.

헨리 타즈펠은 '최소 그룹 실험'이라 불리는 실험을 통해 사람들 사이에 외부인과 내부인에 대한 차별적 태도가 존재한다는 것을 보여줌으로써 이러한 연구 흐름의 새 장을 열었다. 그는 화면에 보이는 점의 수를 과대 또는 과소평가했는지 여부, 칸딘스키 또는 클레의 그림을 좋아하는지 여부로 실험 참가자들의 그룹을 나누고, 그들이 어떻게 자원을 배분하는지 분석했다.

그 결과 사람들은 상대방이 자신과 동일한 화가를 좋아한다는 이유만으로, 그리고 화면에 나타난 점의 수를 자신과 비슷하게 평가했다는 이유만으로 같은 집단에 속한 사람들에게 좀 더 많은 양의 자원이 돌아가는 자원 배분 스케줄을 선택했다. 이전에 한번도 만난 적 없는 사이인데도 그렇게 했다. 이 실험은 사람들이 아주 사소한 기준에 의해서라도 일단 한 집단에 속하게 되면, 같은 집단에 속해 있다는 이유만으로 집단 내부인과 외부인을 차별적으로 대하는 성향이 있음을 보여준다.

이렇게 인간이 본능적으로 내부인과 외부인을 구별하고, 외부인에게 배타성을 갖는다는 것을 설명하는 일은 인간이 이타적이라는 것을 설명하는 일만큼이나 수수께끼일 수 있다. 이에 대해 최정규 교수는 '이타적'과 '이기적', 그리고 '적대적'과 '관용적'으로 조합 가능한 네 가지 전략을 만들어 게임이론으로 어떤 전략이 승리하는지를 연구했다.

그 결과 '이타적'과 '적대적'은 그 자체로는 진화할 수 없는 전략이지만 이 둘이 결합된 '이타적+적대적' 조합은 집단 간 전쟁에서 승리할 가능성이 높아졌다. 나아가 승리 집단이 된 '이타적+적대적' 조합은 패배 집단으로 전파될 수 있었다.

좀 자세히 설명하자면, 집단 간의 전쟁이 배제된 폐쇄적인 집단 내부의 진화에서는 이기적 전략이 이타적 전략을 이기고, 관용적 전략이 적대적 전략을 이길 수밖에 없다. 이타적인 사람보다 이기적인 사람의 생존 가능성이 높고, 타인에게 적대적인 사람보다 관용적인 사람이 살아남기에 유리하기 때문이다. 따라서 이타적 전략과 적대적 전략은 점점 소멸될 수밖에 없다. 하지만 집단 간의 전쟁이 전제되는 포괄적 집단의 진화에서는 전쟁에서 이기는 집단의 전략이 더 많이 전파될 수 있다. 그런데 집단 간의 전쟁에서는 내부에게는 이타적이고, 외부에게는 적대적인 특성을 갖는 집단이 승리할 가능성이 높다. 그래서 이타적(내부)이면서도 적대적(외부)인 특성을 갖는 개인이 많은 집단이 전쟁에서 승리하게 됨으로써 그 전략을 패배한 집단에 전파할 기회를 갖게 되는 것이다.

이처럼 인간의 이타성은 대체로 내부로 향하는 경향이 있다. 그것은 배타적 이타성, 또는 배타적 집단성이라고 표현할 수 있고, 부족주의적 본능이라는 표현도 가능하다. 그러나 이런 연구 결과가 외부인에 대한 배타성이 당연하다는 식의 해석으로 이어져서는 안 된다. 다만 집단 내부의 협력의 증대를 추구하려는 노력의 이면에 혹시 숨어 있을지도 모르는 배타성의 위험을 의심하는 계기로 삼아야 할 것이다.

인간의 전쟁 본능이 협력, 이타성, 평등을 가능하게 했다

위에서 살펴본 여러 가지 실험들은 이타성이 곧 배타성일 수 있다는 결론을 유도한다. 그것은 매우 고통스럽고 반아들이기 힘든 주장이다. 그런데 이런 고통스러운 결론을 더욱 발전시켜서, '협력하는 특성'의 진화는 집단 간의 경쟁이 아주 치열할 때 탄력받으며, 집단 간 경쟁의 가장 극단적인 형태는 전쟁이므로 인간의 전쟁 본능이 협력과 이타성, 평등을 가능하게 했다는 다소 극단적인 주장을 하는 책이 있다. 피터 터친의 《초협력사회》다.

피터 터친에 따르면 동물의 세계에서 대규모 전쟁을 벌이는 유기체는 딱 두 집단밖에 없다. 인간과 개미다. 집단 구성 원리는 전혀 다르지만 거대하고 매우 협력적인 사회를 구축하고 있다는 점에서 두 집단은 닮았다. 개미의 전투도 가끔 초대형일 때가 있다. 그러나 자연의 그 무엇도 현생인류인 호모 사피엔스와 같은 규모로 싸우는 종은 없다. 인간은 어쩌다 이렇게 놀라울 정도로 호전적이 되었을까?

터친은 전쟁이 '창조적'일 수 있다는 매우 모순적인 발언을 한다. 그는 전쟁이 대규모의 협력적인 사회를 만들기 위한 선택압 중의 하나였다고 주장한다. 그렇다면 대규모 살상을 유발하는 집단 간의 갈등이 어떤 조건에서는 창조적이고 어떤 조건에서는 파괴적인가? 이에 대해 터친은 집단 간의 경쟁이 협력을 조장하고 집단 내의 경쟁이 협력을 파괴하는 것처럼, 사회 간에 벌어지는 외부 전쟁은 파괴적 창조의 힘이 될 수 있고, 사회 내에서 벌어지는 내부 전쟁은 파괴적이거나 비생산적으로 작용할 수 있다고 지적한다.

이러한 입장을 진화생물학에서는 '다수준 선택론'이라고 한다. 다수준 선택론이란 진화의 압력이 개체 단위로 작동할 뿐만 아니라 집단 단위로도 작동한다는 주장이다. 협력을 예로 들자면 다음과 같은 설명이 가능하다. 우선 개체를 단위로 생각할 때는 협력을 하는 것이 개체에게 분명히 불리하다. 왜냐면 리처드 도킨스가 《이기적 유전자》라는 책의 제목을 통해서 강조한 것처럼, 자기만의 이익을 추구하는 개체들의 이기적인 행동이 전파하는 것을 막을 길이 없기 때문이다. 그래서 오랜 시간이 지나면 협력하는 개체는 점점 사라질 수밖에 없다. 즉 모든 상호작용이 혈연관계나 오래도록 지속되는 관계에 있는 사람들 사이에서만 일어나지 않는 이상, '집단 내' 선택 과정에서 협력은 소멸될 수밖에 없다.

하지만 집단을 단위로 생각할 때는 협력을 잘 이루어내는 집단이 그렇지 못한 집단에 비해 우위에 설 수 있다. 집단의 생존이 어려운 혹독한 환경적 조건에서라면 협력을 잘 이루어 내는 집단이 살아남을 가능성이 크고, 협력을 잘 이루어 낸 집단일수록 더 큰 규모로 성장할 수 있을 것이다. 특히 집단 사이의 전쟁에서는 규모가 큰 집단이 유리할 것이므로 그러한 집단이 승리할 가능성이 크다. 그래서 '집단 간' 선택 과정에서는 협력하는 집단이 살아남을 가능성이 더 높아지고 따라서 협력은 진화하게 된다.

생물학계에서 다수준 선택론은 소수파라고 한다. 하지만 터친은 인간들의 집단에서 그것이 충분히 발견된다고 주장한다. 그는 인간 사회에서 있었던 수많은 전쟁들에 주목한다. 지구상의 다른 생명체에서는 도저히 찾아볼 수 없을 정도로 높은 전쟁 빈도와 파괴성이 인간사회에서의 협력의 진화를 가능하게 했을 수도 있다는 것이다. 이것이 그가 전쟁에 주목하는 이유이다. 인간의 전쟁 본능이 협력과 이타성, 평등을 가능하게 했고, 그런 점에서 전쟁이 '창조적'일 수 있다고 주장하는 것이다.

피터 터친의 주장을 받아들이는 것은 별개로 하더라도, 인류학적 연구에 따르면 인류의 싸움이 농업과 국가, 문명의 등장과 함께 본격적으로 시작된 '문화적 발명품'이라는 루소의 주장은 사실이 아니다. 스티븐 핑커는 《우리 본능의 선한 천사》라는 책에서 인류의 과거는 우리가 상상하는 것보다 더 끔찍한, 폭력과 잔학이 일상 깊숙이 뿌리박힌 피투성이 세계였다고 주장한다.

화석 인류의 자료, 구약과 신약, 고대 서사시, 중세 기사 문학, 동화, 구전 동요 등 문자 시대에 기록된 다양한 문학 작품들을 검토한 결과 그렇다는 것이다. 선사 시대 인류의 뼈에서는 둔기로 공격받고 목 졸리고 칼에 찔린 폭력의 상흔이 고스란히 발견된다. 《일리아스》와 《오뒷세이아》에는 학살과 강간, 약탈, 전쟁의 황폐함이 그대로 묘사된다. 신체를 가학적으로 훼손하는 고문이 천 년 넘도록 체계적으로 자행되었고 아이들을 위한 자장가에서조차 아이를 매질하고 굶기고 학대하는 내용이 빈번히 등장한다.

현존하는 수렵채집사회를 살펴봐도 그렇다. 칼라하리의 쿵 족에서 북극의 이누이트 족에 이르는 현대 수렵채집인 중 3분의 2는 거의 항시적인 부족 전쟁 상태에 있는 것으로 확인되었다. 87%는 연례적으로 전쟁을 치르고 있다. 전쟁이라고 하지만 새벽의 습격이나 우발적인 접전, 수많은 가식적 위협 등을 의미한다. 이런 일이 너무나 자주 일어나기 때문에 사망률은 높다. 통상 성인 남성 중 20~30%는 살해당한다. 오늘날 전형적인 수렵채집인들은 해마다 부족민의 0.5%가 전쟁으로 사망한다. 이를 세계인구로 환산하면, 20세기에 20억 명이 전쟁으로 사망한 셈이다.

근대 서구를 제외한 모든 시대와 지역에서 인간의 집단성을 강조한다

이제 우리는 개별적 존재로서의 인간, 이기성과 합리성을 갖춘 경제적 인간이 인간의 자연 상태가 아님을 알 수 있다. 현대 생물학과 인류학은 자연 상태를 정반대로 설명한다. 진화 과정에서 인간이 고립된 개인으로 존재했던 적은 없었다. 인류는 처음 진화할 때부터 지금까지 집단적이었다. 인류의 전 단계인 영장류부터 사회적인, 그리고 분명 정치적인 기술을 보유했으며 인간의 뇌는 여러 형태의 사회적 협력을 강화하는 능력을 갖췄다.

인간의 DNA에는 그 본성이 집단성이라고 각인되어 있다.

자연 상태는 선생 상태였다고 볼 수도 있을 것이다. 폭력이 끊이지 않았기 때문이다. 하지만 그 폭력이란 개인보다는 든든히 결속된 집단이 행사하는 것이었다. 인간은 의식적이고 합리적인 결정에 따라 사회적 삶, 정치적 삶을 시작한 것이 아니다. 공동체적 조직은 처음부터 있었다. 각 조직 구성원이 구체적으로 어떻게 협력하는지는 환경, 사상, 문화에 따라 달라졌지만 말이다.

이제 인간의 집단성을 강조한 정치철학자들을 살펴보자. 사실 그런 학자는 너무 많다. 서구에서 18세기 이후 사회계약론과 자유주의가 자리를 잡기 이전까지 거의 모든 지역의 거의 모든 학자들이 인간을 개별적 존재가 아니라 사회 속에서 얽매여 있는 존재로 보았고 사회적 책임과 의무가 인간의 본성이라고 주장했다. 그리고 그러한 주장의 근거에는 그들이 속해 있던 사회의 종교가 크게 작용했다. 그 많은 학자들과 종교를 여기에서 전부 나열할 이유는 없을 것이다. 다만 상징적인 몇 사람의 주장을 살펴보자.

아리스토텔레스가 말한 '인간은 폴리스적인 존재'는 그런 주장의 원형 같은 것이다. 앞서 말했듯 그는 인간을 날 때부터 어떤 의무의 끈에 묶인 한 가족, 한 국가, 한 도덕 공동체의 성원이라고 이해했다. 그는 인간이 본질적으로 집단적이기 때문에 인간은 사회적 삶을 통해서만 본성을 충족시킬 수 있다고 보았다.

마르크스는 아리스토텔레스의 '폴리스적 존재'를 "사회적 관계의 총체"라는 좀 더 강한 언어로 표현했다. "인간의 본질은 개별적인 인간에 내재하는 추상물이 아니다. 현실적으로 인간의 본질은 사회적 관계의 총체다"라는 말은 마르크스의 초기 글인 〈포이어바흐 테제〉의 6번째 테제다. 이 말은 인간의 집단성을 가장 상징적으로 보여주는 표현이라고 할 수 있다. 과거 소련은 '사회적 관계의 총체'란 '계급적 존재로서의 인간'을 의미한다고 해석했다. 〈포이어바흐 테제〉의 이 간단한 문장은 이후 사회주의·공산주의의 시작을 알리는 선언이었다.

나아가 마르크스주의는 집단적 존재, 계급적 존재로서 인간 개념을 더욱 발전시킨다. 지식조차도 개별적인 것이 아니라 집단적이고, 계급적이라고 규정한다. 마르크스주의는 인간의 본질이 사회적 관계의 총체, 즉 계급적 존재이고, 토대가 상부구조를 규정하므로 모든 지식은 계급적일 수밖에 없다면서, 노동계급의 입장에 충실해야만 진리가 될 수 있다고 주장한다. 왜냐면 역사의 발전이 노동계급의 승리로 나아갈 수밖에 없는 만큼, 노동계급이 역사 발전의 합목적성을 담보하고 있기 때문이라는 것이다.

그렇다면 현실적으로 어떻게 노동계급에 충실한 사고를 할 수 있는가? 이에 대해 획기적인 주장이 제기되는데, 바로 레닌이 《무엇을 할 것인가》에서 말한 전위정당 이론이다. 이 책에서 레닌은 인간의 본질인 계급적 존재성을 총화하고 이끄는 현실적 조직으로서 프롤레타리아의 전위 정당, 즉 공산당을 제시한다. 노동계급에 충실한 사고는 오로지 프롤레타리아 의식을 현실에서 체화한 전위정당을 통해서만 가능하다. 이로써 레닌 이후에는 인간의 개별적 사고조차 부정되고, 사회적 관계의 총체인 인간은 공산당의 지도를 받을 때만 비로소 인간의 본질을 실현할 수 있는 존재가 되는 것으로 바뀌고 말았다.

6장

개인은 어떻게 발명되었나?

●

5장에서 인류는 처음 진화할 때부터 집단적 존재, 사회적 존재였고, 그러한 존재성이 인간의 본성으로 각인되어 있음을 살펴보았다. 그런 점에서 인간을 개별적 존재, 이기성과 합리성을 갖춘 경제적 인간으로 바라보는 사회계약론과 주류경제학의 전제는 틀린 것이었다.

홉스, 로크, 루소는 인간이 원시 상태에서 개인이었고, 시간이 흐른 후에 사회를 이뤘다고 생각했다. 그러나 인간은 원래 사회적 존재였고, 오히려 역사 속에서 인간들이 점차 계발해 온 것은 사회성이 아니라 개인주의였다. 이 개인주의는 오늘날 우리의 경제, 정치 행동의 확고한 핵심으로 보인다. 왜냐하면 개인주의가 인류의 공동체 지향적인 본능을 압도하는 자유주의 제도를 만들어 냈기 때문이다.

그러나 우리의 시각을 전 세계와 전 인류사로 넓혀 보면 거의 모든 지역, 거의 모든 역사에서 인간은 개별적 존재가 아니라 사회 속에서 얽매여 있는 존재로, 사회적 책임과 의무가 본질인 인간으로 파악되어 왔다. 그리고 대부분의 지역에서 그러한 주장의 바탕에는 종교가 있었다. 오히려 개인이라는 개념은 기적처럼 발명된 것이다. 그것은 유럽에서, 개신교 지역에서, 근대 이후에나 가능했다. 그 과정을 자세히 살펴보자.

후쿠야마 《정치질서의 기원》 : 부족주의는 오래 지속된다

사회계약론 입장에서 서술하는 지금까지의 주류 정치사와 달리, 생물학과 인류학의 최근 연구 성과를 바탕으로 인류의 정치사를 정리한 책이 있다. 프랜시스 후쿠야마가 쓴 《정치질서의 기원》이다.

이 책에서 후쿠야마는 정치의 생물학적 기반이 인류의 공동체 지향적인 본능에 있다고 지적한다. 사회계약론의 입장을 배격하면서 최초의 정치질서는 자연스러운 무리 수준의 정치였고, 그것이 부족 사회를 거쳐 국가 사회로 발전했다고 분석한다. 후쿠야마는 이 과정에서 가장 중요한 것이 바로 부족 사회라고 지적한다. 왜냐면 거의 모든 인류 사회가 부족으로 조직된 시기를 거쳤고, 부족 사회가 국가 사회로 변모한 뒤로도 부족체제는 대부분의 지역에서 사라지지 않았기 때문이다.

앞서 우리는 '정치적 부족주의'에 대해 살펴보았는데 인류 정치사에서 부족주의는 참으로 오래 지속되었다. 어쩌면 인간의 본성에 가장 맞는 것은 개인도 아니고, 국가도 아니고, 세계도 아니며 부족인지도 모른다.

후쿠야마에 의하면 무리 사회가 부족 사회로 바뀐 것은 두 가지, 즉 종교와 전쟁 때문이다. 조상 숭배는 무리 사회에도 있었지만, 그것이 종교 수준으로 발전한 것은 부족 사회로 바뀌면서부터이다. 무리 사회에서 부족 사회로 커지려면 혈연관계가 먼 사람들과 협력해야 하는데 그것은 종교적 믿음, 다시 말해서 조상 숭배를 통해서 가능했다.

부족 사회에서 만들어진 종교적 신념의 형태를 띤 혈통 관념은 사회 조직에 큰 영향을 주었다. 조상은 죽었지만 우리 곁에 실재한다는 믿음은 가족이나 무리 수준의 사회에서는 상상도 못할 정도로 널리 개개인을 결속시켰다. 아주 먼 친족끼리도 연대감을 갖고 서로에게 잘해 줄 의무가 있다고 느끼게 되었고, 그 느낌은 공동체 전체 차원에서 행해지는 의식으로 강화되었다.

후쿠야마는 인류가 무리 사회에서 부족 사회로 이행한 이유 중 하나는 전쟁이라고 했는데, 왜일까? 정주 농업 사회가 등장하면서 생존에 필요한 것 이상으로 잉여 생산물이 산출되었다. 이에 따라 더 많은 부동산과 동산을 확보하게 되었고, 이를 지키거나 빼앗을 강한 동기를 갖게 되었다. 전쟁의 기원은 침팬지든 인간이든 사냥인 듯하다. 침팬지는 원숭이를 사냥하거나 다른 침팬지 집단을 공격하기 위해서 조직화한다. 인간도 마찬가지였을 것이다. 전쟁에서 이기기 위한 방법은 여러 가지가 있을 수 있겠지만, 결국 숫자가 많은 집단이 유리할 수밖에 없다. 무리 사회에서 부족 사회로 인간 집단이 커진 데도 전쟁이 결정적 요소가 되었다.

부족 사회의 지배 형태는 어느 지역이든 대부분 가산제家產制였다. 이 개념은 막스 베버가 확립한 개념인데, 베버는 가산제란 국가가 군주의 세습재산처럼 취급되어 통치권과 소유권에 구별을 두지 않는 정치 형태라고 규정했다. 그는 지배 형태를 전통적 지배, 카리스마적 지배, 합법적 지배라는 세 가지로 구분했는데, 가산제는 이 중에서 전통적 지배일 때 나타난다.

왜 부족 사회의 지배 형태는 가산제일 수밖에 없고, 또 역으로 가산제가 부족 사회를 강화하는 것일까? 그것은 부족 사회가 비록 무리 사회보다 혈통 관계가 먼 친척까지 아우른다고 해도 결국 본질은 가족의 확장인 친족 관계에 기본을 둔 사회였기 때문이다. 그래서 국가(또는 부족)의 통치권과 군주(또는 부족장)의 소유권이 서로 구별되지 않는 가산제는 친족 사회인 부족 사회와 불가분의 관계를 가질 수밖에 없었다. 부족 사회와 가산제는 서로를 강화해 주었다. 대부분 지역에서 가산제는 주로 아들과 소수의 가신에게 일정한 토지와 자산을 나누어 줌으로써 가족의 권력을 분산적으로 유지했다. 이런 식의 가산제는 인류사에서 가장 흔히 볼 수 있는 지배 형태였다. 이는 가족 기업을 생각해 보면 쉽게 이해할 수 있다. 처음에 가족 기업으로 시작해 대기업으로 규모가 커진 뒤에도 회사의 경영권과 가족의 소유권의 구분이 애매한 경우를 우리는 수없이 봐왔다.

부족주의를 극복하고 법치주의를 성립시킨 유일한 지역, 유럽

후쿠야마는 《정치질서의 기원》에서 부족 사회가 이후 국가 사회로 변모했지만, 인류사의 대부분 지역에서 부족 체계는 사라지지 않았다고 지적한다. 유교 사회인 중국, 힌두교 사회인 인도, 이슬람 사회인 중동, 그리고 콜럼버스 이전의 아메리카에서 국가기구는 단지 부족 체계 위에 올라앉아 있었을 뿐이며 오랫동안 부족 체계와 불편한 균형을 이루며 지냈다.

이들 지역에서는 역사 내내 국가를 건설하려는 노력이 지역사회를 장악하고 있는 친족 시스템을 타파하지 못했다. 제도 발전사의 대부분이, 친족 집단이 다시 정치권에 복귀하는 과정이었다. 후쿠야마가 '재가산제화'라고 이름 붙인 과정이다.

이처럼 부족주의를 청산하지 못하고 재가산제화가 반복된 지역에서는 법치주의도 책임 정부도 가능하지 않았다. 소수 지배자의 이익을 위해 국가를 통치하는 가산제 국가, 배타적인 동시에 집단적인 부족주의에 발목이 잡힌 지역에서는 더 이상의 발전이 불가능했다. 그런 곳에서 모두에게 보편성을 갖는 법치주의와 통치권자에게 책임을 묻는 책임 정부가 등장하기란 애초에 불가능했다.

유럽에서 최초로 법치주의와 책임 정부가 나온 것은 강한 종교, 약한 국가라는 특징 때문이다. 유럽에서는 기독교가 사회 응집의 기초로서의 배타적 가족주의를 효과적으로 무력화했다. 교회는 가족이 재산을 자손에 남기는 경우를 최대한 차단하려 하면서, 동시에 토지와 재산을 교회에 기부하는 것을 장려했다. 또한 과부가 친족 집단의 일원과 재혼해 재산이 부족에게 돌아가는 것을 막고, 과부가 재산을 갖고 있게 했다. 여성의 재산권은 부계 혈통 종족에 조종을 울린 셈이었으니 이로써 부계 단일 혈통의 원칙이 무너졌다. 이처럼 유럽에서는 집단적이면서도 배타적인 부족주의가 자율적이고 개인적이지만 동시에 보편적인 사회관계로 완전히 대체되었고, 그 힘으로 법치주의와 책임 정부가 나타났다.

중국의 경우, 국가가 일찍 탄생했고 종교는 없었다. 관료제 국가를 만들어 낸 최초의 문명임에도 가산제와 부족주의가 청산되지 못하고 반복됐다. 중국에서는 지역을 장악한 호족들의 재산이 아들에게 상속되었고, 친족 지배 체제는 계속 유지되었다. 지난 2천 년 동안 중국 정치사는 친족 체계가 국가행정을 장악하려 하고, 국가 체제가 이를 막으려 하는 과정으로 점철되었다. 그 결과 법치주의와 책임 정부가 존재하지 않는 지역이 되었다.

그것은 인도도, 중동도 마찬가지였다. 이들 두 사회에서는 힌두교와 이슬람교라는 종교가 사회에 강력한 영향력을 미친 반면, 국가는 역사적으로 약했다. 따라서 이들 사회에서 법의 힘은 종교에서 나왔다. 따라서 법치주의의 가능성이 있었지만, 그것이 현실이 되지는 못했다. 지배 세력인 친족의 힘을 막지 못했고, 가산제와 부족주의를 극복하지 못했기 때문이다. 그들 사회에서 가산제는 오래 지속되었고 강력한 지배 형태로 유지되었다.

앞에서 여러 차례 살펴보았던 것처럼 인간의 본성에는 부족주의가 각인되어 있다. 부족주의는 배타적 이타성의 다른 표현이기도 하다. 후쿠야마는 그런 부족주의와 가산제가 유럽을 제외한 다른 지역에서는 국가가 발생한 이후에도 살아남아, 법치주의와 책임 정부 같은 보편적 정치 시스템으로 발전하는 것을 막았다고 분석했다.

개인의 발명, 종교개혁으로 개인이 신앙의 주체가 됐기에 가능

유럽은 정치 시스템에서 부족주의를 극복했을 뿐만 아니라 인류사에서 처음으로 개인을 발명했다. 모든 지역에서 인간은 사회 속에서 얽매여 있는 존재, 사회적 책임과 의무가 본질인 존재였는데, 어떻게 개별적 존재인 개인이라는 개념이 탄생한 것일까? 왜 유럽에서, 그리고 다른 어느 때가 아니라 17세기에 시작되어 18세기에 발명된 것일까?

그것은 저절로 이루어진 것이 아니었다. 매개가 있었다. 그 매개는 인간 개인에게 절대적이면서도 무한하며, 불가침의 신성한 권리와 자격을 부여할 수 있는 존재, 바로 기독교의 유일신이었다. 그리고 기독교의 유일신이 개인에게 무한한 힘을 주게 된 계기는 종교 개혁이었다. 16세기에 유럽에서 이루어진 종교개혁으로 인간은 가톨릭교회를 통하지 않아도 직접 성서를 읽고, 직접 신을 대면하고, 양심에 따라 '절대자의 말씀'을 받아들일 수 있게 되었다. 이제 각각의 신자 개인이 기독교의 중심으로 격상했다. 개인이 절대자를 직접 대면할 수 있게 됨에 따라 개인의 가치는 절대자의 가치만큼이나 커진 것이다.

1492년부터 1543년 사이에 엄청난 수준의 지적 타격이 연달아 유럽을 강타했다. 그로부터 유럽은 혁명적인 변화를 시작했다. 당시 유럽은 세 가지 확고한 신념을 가지고 있었다. 첫째, 우주의 중심은 지구다. 둘째, 지구의 중심은 유럽이다. 셋째, 유럽의 중심은 가톨릭교회다. 그런데 불과 51년 사이에 이 세 가지 확고한 신념 모두가 급격하게 무너져 버렸다.

1492년, 유럽이 세상의 중심이라는 신념이 무너졌다. 콜럼버스가 그해에 신대륙을 발견한 것이다. 그로부터 25년 후인 1517년, 가톨릭교회가 유럽의 중심이라는 신념이 무너졌다. 그해에 마르틴 루터가 95개조로 구성된 반박문을 교회 문에 못질해 종교개혁을 주도하면서 로마가 유럽의 중심이라는 개념에 도전장을 내민 것이다. 그로부터 26년이 지난 1543년, 마지막으로 지구가 우주의 중심이라는 신념이 무너졌다. 그해에 코페르니쿠스는 지구가 태양의 주위를 돈다는 이론을 제시하는 《천구의 회전에 관하여》를 발표했다.

종교개혁을 주도하면서 루터가 내세운 궁극적인 주장은 로마 주교만이 신과 특별한 관계에 있는 것이 아니며, 개개인이 신부의 개입 없이도 신에게 다가갈 수 있다는 것이었다. 그때까지 가톨릭교회는 인간이 교회의 가르침을 통해 신을 알게 된다고 가르쳐 왔다. 이는 교회의 위계질서와 사제 계급을 통해 구현되었다. 가톨릭에서 교회의 가르침은 신의 말씀이었고, 그 어떤 개인도 교회의 틀 밖에서 그리스도 신앙을 해석할 수 없었다.

루터는 양심과 개인의 사사로운 신념이라는 개념을 도입했다. 개인이 신의 말씀과 성서를 연구하고, 이를 자기 양심이 이끄는 대로 해석할 권리와 권위가 있다는 주장이었다. 누구나 자기 신앙과 양심에 따라 성서를 읽고 이해하고, 자기 나름의 결론에 도달할 수 있었다. 누구도 성서 해석의 절대적 권위를 지니지 못했고, 이제 기독교의 중심은 로마가 아니었다. 로마 교황청은 중심에서 물러났으며 각각의 신자 개인이 기독교의 중심으로 격상했다.

루터는 신이 더 이상 자신이 창조한 자연 질서에 개입해 혼란을 초래하지 않는다고 말했다. 세계는 예측 가능했고 안정적이었다. 자연의 법칙이 세계를 관장했다. 그렇다면 이제 어떻게 해야 자연법을 밝힐 수 있을지가 관건이었고, 이는 과학을 뜻했다. 이런 의미에서 과학은 종교개혁과 연결되어 있다.

개인의 발명이 가져온 산업혁명과 동서양의 대분기

베버는 근대적인 자유의 기원을 계몽주의가 아니라 영국과 미국의 청교도 전통에서 찾았다. 양심과 종교의 자유를 확보하고자 하는 그들의 투쟁이 다른 모든 인권을 확보하는 데 기반이 되었다는 것이다. 또한 자본주의 정신, 즉 근대적인 노동 윤리와 물질적 성공에 대한 지향성의 중요한 원천 역시 16~17세기에 영국과 미국에서 활동했던 칼뱅주의와 청교도 등의 개신교로부터 나왔다고 했다.

이러한 내용을 담은 책이 유명한 《프로테스탄트 윤리와 자본주의 정신》인데, 이 책에서 베버는 자본주의 정신을 수립하는 데 루터보다는 칼뱅과 청교도의 역할이 컸다고 강조한다. 그에 따르면, 루터교는 가톨릭으로부터 극적인 변화를 꾀하긴 했지만 사람들로 하여금 자신의 삶을 체계적으로 조직하고자 하는 동력을 제공하는 데는 역부족이었다. 반면 16세기의 칼뱅과 17세기의 청교도는 새로운 교리를 조직적이고 체계적으로 설파했다.

이로부터 '새로운 인간 유형이 서양사의 무대 위에 등장하게 되었다'고 평가한다.

왜 어떤 나라는 역사적으로 부강했거나 혹은 급속히 부유해졌지만, 어떤 나라는 국민 대다수가 절대 빈곤을 탈출하지 못할까? 베버가 《프로테스탄트 윤리와 자본주의 정신》에서 천착한 문제는 역사학의 오랜 질문이기도 했다. 왜 산업혁명이 유독 그 시기, 하필 영국에서 싹이 터 가장 크게 발전할 수 있었을까? 그리고 한때 동양에 뒤졌던 서양이 산업혁명을 전후한 시기에 동양을 역전하고 비교할 수 없을 정도로 격차를 벌린 소위 대분기 大分岐가 왜 하필 그 시기에 일어났을까?

이에 대해 대런 애쓰모글루는 《국가는 왜 실패하는가》라는 책에서 긴 시간에 걸쳐 나라의 기틀로 자리 잡은 제도가 국민의 빈곤 또는 번영을 결정한다고 답한다. 그는 세계 모든 대륙에 걸쳐 수많은 문명을 예로 든다. 이 나라들이 역사적 분기점에서 어떤 제도를 받아들였는지, 혹은 강요받았는지에 따라 이후에 달라진 결과들을 대조하며 설명한다.

그에 따르면 더 나은 삶을 누리기 위해 쏟은 노력의 대가를 사람들이 온전히 누릴 수 있고, 이를 위해 기존 질서를 벗어던지고 혁신을 일으키는 '창조적 파괴'가 가능한 제도가 국가를 번영으로 이끈다. 반대로, 혁신의 대가를 몰수당하거나 혹은 기존 질서에 대항한 대가로 목숨을 내놔야 하는 제도 아래에서는 결코 번영을 지속할 수 없다.

애쓰모글루는 영국의 산업혁명을 그 예로 든다. 산업혁명이 가능했던 것은 포용적 경제제도와 함께 포용적 정치제도가 선행했기 때문이라는 것이다. 명예혁명 이후 포용적 정치제도가 자리 잡았고, 그것이 포용적 경제제도로 이어졌다. 포용적 경제제도는 폭넓게 허용된 소유권이 그 핵심이었다. 그로 인해 증기기관과 방적기, 기관차 같은 발명품과 창조적 파괴가 쏟아졌다. 이는 산업혁명으로 이어져, 결국 동서양의 대분기가 생겼다는 것이다.

애쓰모글루가 말한 포용적 정치·경제 체제의 수립은 후쿠야마가 말한 가산제 청산과 부족주의 극복이 전제되어야 했다. 그리고 그것은 개인이라는 보편적 개념을 발명했기에 가능했다. 그러한 정신적 혁명이 없었다면 부족주의와 가산제에서 벗어나기는 쉽지 않았을 것이다. 그랬더라면 권력도 특정 가족에게 집중되고, 경제의 성과도 특정 가족이 착취하는 구조가 계속되어 포용적 정치구조도, 포용적 경제시스템도 불가능했을 것이다. (이상은 베버의 《프로테스탄트 윤리와 자본주의 정신》(현대지성)의 해제를 일부 인용했다.)

이처럼 유럽에서 시민혁명과 산업혁명이 일어나고 그로 인해 동서양의 대분기가 일어나게 된 원인을 하나만 꼽으라면 나는 기적처럼 개인을 발명했기 때문이라고 생각한다. 개인의 발명을 통해 이기주의를 철학적으로 합리화할 수 있었고, 부족주의적이고 배타적인 시스템, 가산제라는 착취적인 시스템이 아니라 보편적인 정치·경제 시스템을 만들 수 있었기 때문이다.

롤스의 《정의론》,
복지국가의 철학이 된 진보적 자유주의

개인의 발명은 인류 역사를 새로운 시대로 만들었다. 개인의 자유와 권리가 사회 운영의 기본원리가 되었고, 그것은 인간의 삶을 전에 없이 드높여 주었다. 자유주의는 경제학과 정치학의 핵심 전제가 되었다. 고전적 자유주의는 물론이고, 복지국가의 철학적 기반이 되는 '진보적 자유주의', 시장지상주의를 의미하는 '신자유주의'까지 자유주의의 스펙트럼은 대단히 넓어서 웬만한 정치·경제·사회이론을 포괄하는 사상 체계가 되었다.

특히 진보적 자유주의는 자유주의에 민주주의와 사회복지의 원리를 포괄해 복지국가의 철학적 기반이 되었는데, 그 철학을 집약적으로 정리한 철학자가 존 롤스다. 롤스는 주저인 《정의론》을 통해 사회계약론을 철학적 기반으로 하고, 절차적 정의관에 입각해 자유롭고 평등하며 합리적인 개인들이 이상적인 논의 조건에서 만장일치로 합의할 수 있는 질서인 '정의로운 사회질서'를 검토한다.

그런데 현실세계에서 모든 개인이 만장일치로 합의할 수 있는 질서는 존재할 수 없다. 그래서 롤스는 이상적인 논의 조건을 만들어 주기 위해 '무지의 베일'이라는 사유실험을 도입한다. 롤스는 이 사유실험에서 평등한 자격을 가진 개인들이 모여 그들이 다시 태어날 사회의 질서에 대해 합의한다는 다소 기묘한 상황을 가정해 본다. 이때 개인들은 합리적이며, 타인의 이익에 무관심하고, 오직 자신의 이익에만 관심을 가지는 주체들이다.

어떤 조건에서 태어날지 모르는 상황에서 자신에게 가장 유리한 질서를 찾는다는 것은 결국 모든 특수한 이해관계로부터 벗어나 가장 공정한 관점에서 보편적으로 타당한 질서를 찾는 것이다. 롤스는 이런 무지의 베일 상황에서라면 개인들은 자신이 우연히 불리한 처지에서 태어날 경우에 겪을 불이익을 최소화할 수 있는 질서를 지지할 것이라고 기대한다. 그리고 이런 상황에서 개인들이 합의할 것으로 기대하는 정의의 원칙으로 다음을 제시한다.

> **제1원칙:** 각자는 모든 사람의 유사한 자유체계와 양립할 수 있는 평등한 기본적 자유의 가장 광범위한 전체 체계에 대한 평등한 권리를 가져야 한다. (평등한 자유의 원칙)
>
> **제2원칙:** 사회적, 경제적 불평등은 다음 두 가지 조건을 만족시키도록, 즉 공정한 기회균등의 조건 하에 모든 사람들에게 개방된 직책과 직위에 결부되도록(공정한 기회균등의 원칙), 정의로운 저축 원칙과 양립하면서 최소 수혜자에게 최대 이익이 되도록(차등의 원칙) 편성되어야 한다.

그런데 이러한 정의의 원칙들 사이에는 확고한 우선성 순위가 있다. 여기에서 우선적이라는 것은 '축차逐次적 우선성'을 의미한다. 즉 제1원칙이 제2원칙에 대해 우선적이며, 제2원칙 중 공정한 기회균등의 원칙이 차등의 원칙에 대해 우선적이다. 먼저, 제1원칙을 얼마나 잘 충족하느냐가 판결 기준이 되어야 하고, 다음으로 제1원칙을 동일한 정도로 충족하는 질서들 간의 우열은 제2원칙을 얼마나 잘 충족하느냐로 판정되어야 한다는 것이다.

이 원칙들을 통상적으로 사용되는 다른 개념들로 생각한다면, 평등한 자유의 원칙은 대체로 자유주의 원리에 해당하고, 공정한 기회균등의 원칙은 대체로 민주주의 원리에 해당되며, 차등의 원칙은 대체로 사회보장의 원리나 평등주의적 경제체제의 구성 원리에 해당된다고 볼 수 있을 것이다.

이처럼 롤스의 《정의론》은 사회계약론을 바탕으로 자유주의 원리와 민주주의 원리, 복지국가의 원리를 통합적으로 체계화한다. 그의 철학 속에서 인간은 개별적 존재로서 전제되며, 자유주의-민주주의-복지국가 순서로 중요성이 자리매김된다.

민주주의도, 복지국가도 사회의 집단성이 높아질 때 확대되었다

롤스의 《정의론》이 체계화된 '진보적 자유주의' 체계 안에서는 자유주의, 민주주의, 복지국가가 모순되지 않고, 순서에 맞춰 질서정연하게 각자가 제 자리에 앉아 있는 느낌을 준다. 그러나 현실세계에서는 그렇지 않다. 자유주의와 민주주의, 그리고 복지국가는 피터지게 싸우고 있다. 그럴 수밖에 없는 것이, 각각의 사상이 기대고 있는 인간의 본성이 다르기 때문이다. 자유주의가 인간의 개별성이라는 개념에 근거하고 있다면, 민주주의와 복지국가는 인간의 집단적 본성에 기대고 있다.

자유주의가 17세기 이후 발명된 개인이라는 개념에 근거하고 있는 것은 앞에서도 언급했다. 그런데 왜 민주주의가 집단성에 근거하고 있다는 것일까? 민주주의라는 용어부터가 그렇다. 민주주의의 핵심 가치는 '인민주권'인데, 이 말은 통치cracy의 주체가 개인이 아니라 다수 집단인 인민demo이라는 뜻이다.

역사적으로 살펴봐도, 고대 아테네에서 민주주의가 도입된 것은 개인의 권리 때문이 아니라 군사적 목적 내지 폴리스적 목표 때문이었다. 아테네에서 전쟁에 참여하는 것은 시민의 의무였기에, 스스로 비용을 부담해 전쟁 장비를 구입한 사람들에게만 한정적으로 정치 참여가 허용되었다. 그런데 페르시아 대군이 아테네를 침략했을 때 도시를 버리고 살라미스 섬에 숨어들어 해전에서 페르시아 대군을 격파한 경험은 정치 참여 폭을 넓히게 만들었다. 해군 함선을 늘리려면 노 젓는 일을 담당했던 하층 노동계급인 테테스를 동원해야만 했는데, 그렇게 하기 위해서는 그들에게 해군 복무에 따른 급료도 지불하고 정치 참여도 허용해야 했기 때문이다. 이처럼 살라미스 해전 이후 아테네 민주주의는 급속하게 발전했다.

이는 근대 이후 민주주의가 부활하고 나서도 마찬가지였다. 존 던 케임브리지대학 교수는 《민주주의의 수수께끼》라는 책에서 민주주의가 어떻게 2,500년 전 고대 그리스의 대단히 지역 특수적인 난국에 즉흥적으로 대처하는 치유책으로 시작되어, 잠깐이기는 했지만 열화와도 같은 번성 뒤에 거의 모든 곳에서 사라져 버렸다가, 기적처럼 2천 년 후에 되살아나서 근대 정치의 현실적인 선택지가 되었는지 들려준다.

부활한 민주주의는 처음에는 '공화정'이라는 다른 이름을 달고 미국 독립투쟁과 건국 과정에서 활약했다. 그러다가 프랑스 혁명 과정에서 '민주주의'라는 자기 이름으로 등장했는데, 그때부터 바로 보편적으로 쓰인 것은 아니었다. 존 던은 민주주의라는 용어가 지금처럼 과도할 정도로 널리 쓰이게 된 것은 19세기에서 20세기에 걸쳐 계속된 선거권 확대 운동 과정에서 민주주의가 그 깃발이 되었기 때문이라고 지적한다.

2천 년 만에 부활한 근대 민주주의는 고대 그리스와 마찬가지로 모든 사람에게 선거권을 부여하지는 않았다. 상당한 재산을 가진 남자(그것도 백인 남자)에게만 선거권을 부여했다. 이에 저항하며 일어난 차티스트 운동은 노동자에게도 선거권을 달라고 요구했고, 여성 선거권 운동도 일어났다. 영국에서 완전한 보통선거권이 쟁취된 것은 제1차 세계대전 중에 병력과 무기 생산

노동력이 필요했던 정부와 노동계급 사이에 이루어진 대타협의 결과였다. 1918년 모든 성인 남성에게로 투표권이 확대되었고, 1928년에는 모든 성인 여성에게도 선거권이 허용되었다.

민주주의가 전체 국민에게 보편적으로 확대된 것은 제1차 세계대전으로 인해 국가가 국민을 동원할 필요성이 절박했기 때문이었다. 그리고 선진국에서 복지국가 시스템이 정착한 것은 제2차 세계대전 이후 사회적 복구를 위해서였다. 왜 민주주의와 복지국가는 전쟁을 통해 확대되고 정착되는 것일까? 그것은 민주주의와 복지국가 모두 사람들 간의 유대감, 동질감, 평등의식이 전제되고 퍼져 있을 때 가능한 일이기 때문이다. 다시 말해 인간의 개별성이 아니라 집단성과 이타성에 근거하고 있기 때문이다.

두 번의 세계대전은 각 나라에 공통의 목표의식을 만들어 주었고, 그 공통의 목표를 이루기 위해 민주주의와 복지국가를 확대하도록 했다. 고대 그리스도 페르시아와의 전쟁을 위해 민주주의를 발전시켰다. 인간의 본성인 집단성, 그것도 배타적 이타성이라는 특성이 민주주의 확대에도, 복지국가 확대에도 그대로 적용되었던 것이다. 전쟁이 민주주의의 적이라는 통념과 달리 외부와의 전쟁은 내부의 동질성을 강화해 주고 이는 집단성에 근거한 민주주의와 복지국가를 확대시켰다. 오히려 오랜 평화는 내부의 이질성을 조장해 민주주의와 복지국가의 위기를 초래할 수 있는데, 정치 내전이 세계적 보편 현상이 된 지금이 바로 그렇다고 할 수 있다.

민주주의와 자유주의의 충돌
: 다수파 지배와 개인 권리보장의 모순에 기인

우리는 오랫동안 자유주의와 민주주의를 하나로 생각해 왔다. 그러나 둘은 명백히 다른 철학일 뿐만 아니라 사실은 서로 충돌하는 가치이기도 하다. 자유주의liberalism는 근대 서구에서 발명된 개인의 개념에 근거해 개인의 자유와 권리, 그리고 자유로운 인격 표현을 중시하는 사상 또는 운동으로, 사회와 집단은 개인의 자유를 보장하기 위해 존재한다고 본다. 반면에 민주주의democracy는 국가의 주권이 국민에게 있고 국민을 위해 정치를 행하는 제도, 또는 그러한 정치를 지향하는 사상이다. 즉 자유주의의 핵심은 '개인의 자유와 권리'이고, 민주주의의 핵심은 'democracy'라는 단어의 뜻 그대로 '인민주권'이다.

고대 그리스의 민주주의가 근대 시민혁명을 통해 2천 년 만에 부활할때, 그 철학적 기반은 사회계약론에서 비롯된 개별적 존재로서의 인간에 근거해 개인의 자유와 권리를 주장한 자유주의와 결합한 형태로 등장했다. 근대 이후의 역사에서도 민주주의는 타인과의 유대감, 동질감, 평등의식이 강화될 때 확대되었다. 그 때문에 우리는 자유주의와 민주주의가 하나인 것처럼 착각하지만, 실은 그렇지 않다.

오랫동안 한 몸처럼 결합되어 있던 자유주의와 민주주의가 최근 전 세계에서 분리되어 서로 격돌하는 모습을 보이고 있다.

야스차 뭉크는 《위험한 민주주의》에서 지금 전 세계에서는 자유주의와 민주주의가 분리되어 '반자유적 민주주의'와 '비민주적 자유주의'가 횡행하고 있다고 지적한다.

반자유적 민주주의, 즉 개인의 권리를 보장하지 않는 민주주의는 최근 세계적 현상으로 나타나고 있는 포퓰리스트 내지 권위주의적 지도자를 의미한다. 이들은 민주주의 제도인 선거를 통해 집권했지만 자신에게 권력을 부여한 자유주의 제도를 훼손하고 권위주의로 후퇴하고 있다. 이들은 정당하게 부여받은 민주적 권위를 무엇보다 자유주의적 제도들을 공격하는 데 사용했다. 그들은 법원과 사법체계, 비당파적 국가 관료제, 독립적인 언론, 그리고 견제와 균형의 체계에 입각해 행정 권력을 제한하는 여타 기관들을 공격했다. 예를 들면, 헝가리의 오르반, 폴란드의 카친스키, 브라질의 보우소나루, 튀르키예의 에르도안, 그리고 미국의 트럼프 등이 그들이다.

비민주적 자유주의, 즉 민주주의 없는 개인 권리 보장은 대표적으로 유럽연합집행위원회European Commission처럼 선출되지 않고 막강한 권력을 휘두르지만 개인의 권리 보장을 위해 노력하는 국제기구를 지칭한다. 정치적으로 독립적인 중앙은행으로 인해 각 국가들은 가장 중요한 경제 문제 관련 결정권을 테크노크라트의 손에 넘겨주었다. 선출되지 않은 사법부의 판결 역시 민주주의와는 무관하다. 초세계화 이후 세계무역기구WTO 같은 수많은 국제기구는 민주주의와 무관하지만 각 국가의 국민들의 삶에 심대한 영향을 미치고 있다.

이처럼 개인의 권리 보장 없는 민주주의와 민주주의 없는 개인 권리는 민주주의와 자유주의의 대립인 동시에, 인간의 집단성에 근거한 다수파 지배와 인간의 개별성에 근거한 권리보장의 충돌이다. 이러한 충돌은 21세기적 현상인 동시에 지금 세계적으로 심각해진 정치 내전의 원인이 되기도 한다. 문제는 지금 세계는 자유주의와 민주주의의 충돌만이 아니라 자유주의 자체가 위기에 처해지는 모습도 목격되고 있다는 것이다. 오늘날 자유주의는 우파 포퓰리스트들과 좌파 진보주의자들 모두에게 공격받고 있다.

오늘날 우파 보수주의자들이 지지하는 경제적 자유주의는 신자유주의로 변질되고 말았다. 신자유주의는 경제적 불평등과 치명적인 경제 위기를 가져와 많은 서민들에게 아픔을 주었다. 이제 대다수 사람들은 사유재산권 보호를 바탕으로 시장경제의 이데올로기적 기초를 구성하는 자유주의의 특성을 단지 자본주의와 연계된 불평등을 의미하는 것으로 여긴다.

이에 반해 좌파 진보주의자들은 부와 권력의 광범위한 재분배를 강조하는 동시에, 개인을 넘어 집단을 대상으로 하는 자율성의 급진적 확장을 시도한다. 그들은 인종, 젠더 같은 고정된 범주의 정체성에 기초한 평등과 집단적 권리의 인정을 요구한다. 이들을 가리켜 '정체성 정치'라고 표현하는데, 새롭게 단어를 만들자면 '정체성 자유주의'라고 할 수도 있을 것이다.

이러한 자유주의의 위기에 대해 프랜시스 후쿠야마는 《자유주의와 그 불만》에서 현재의 자유주의 사회는 모든 사람들을 동등하게 대우하지 못하며 자유주의의 고전적 이상을 제대로 구현하지 못하고 있기 때문에 이들의 비판에 합당한 면이 있다고 인정한다. 그러나 좌파와 우파 모두에게 자유주의가 불편한 이유는 자유주의 신조의 근본적 취약성 때문이 아니라면서, 그들의 불만은 자유주의 원칙 그 자체가 아니라 지난 몇 세대 동안 자유주의의 근본적 신조들이 변화해 온 방식에서 비롯한다고 지적한다. 그는 자유주의를 향한 불만에 대처하는 길은 자유주의 그 자체를 포기하는 것이 아니라 그것의 급진적 움직임을 자제시키는 데 있다고 본다. 자유주의를 비판하는 좌·우파에게 '문제는 자유주의가 아니라 오히려 니들'이라고 비판하는 것이다.

한국 진보 진영의 명칭을 '자유 진영'으로 하는 것은 어떨까

이제 관심을 우리나라로 돌려보자. 한국의 민주당이 속한 세력은 오랫동안 자유주의적 성향이 강했다. 진보적 지식인 중에는 마르크스주의자들이 많지만, 정치권의 이른바 진보 인사들 가운데는 자유주의자로 분류할 만한 사람들이 대부분이다. 김대중도 그랬고, 노무현도 그랬다. 유시민은 특히 자유주의적 성향이 강한 사람이다. 민주당이 오랜 세월 군사독재와 권위주의에 저항해 왔기에 자유주의적 성향이 강한 것은 당연한 결과였고, 그것은 민주당이 속한 세력의 강점이었다.

대한민국이 선진국이 될 수 있었던 것은 한국의 민주주의가 제대로 작동했기 때문이고, 이는 민주당이 속한 세력이 가지고 있던 자유주의 지향성이 큰 역할을 했기 때문이라고 볼 수 있다. 한국의 민주당이야말로 그 지향성에서 자유주의와 민주주의, 복지국가를 함께 추구했던 진보적 자유주의 성향이 확고부동했다. 그러한 힘이 제대로 작동해 중진국 함정에서 벗어나 선진국으로 도약할 수 있었다.

그런데 요즘은 민주당의 자유주의적 색채가 옅어진 느낌이다. 그에 대해 걱정하는 목소리도 조금씩 들린다. 위험한 징조다. 왜냐하면 여전히 한국의 민주당 지지자들은 대체로 자유주의자들이기 때문이다. 그들의 지지를 놓쳐서는 안 된다. 특히 2030 세대일수록 자유주의 성향이 강하다. 민주당이 자유주의를 잃어버린다면 그것은 자신의 역사성의 가장 큰 기둥을 무너트리는 일이 될 것이다.

문유석 판사는 《개인주의자 선언》에서 우리 사회의 문화 풍토는 늘 남과 자신을 비교하고 경쟁하며 살게 하면서도 눈치껏 튀지 않고 적당히 살기를 강요하기에, 개인으로 살아가기란 어렵고 외로운 일이지만 "감히" 합리적 개인주의자를 꿈꾼다고 선언한다. 그러면서 그는 한국사회가 과도하게 가족주의적, 국가주의적, 집단주의적 사회문화를 가지고 있다고 비판한다. 이 책에서 문유석은 개인으로서 서로를 바라보고, 대화하고, 타협하고, 연대하는 자세가 필요함을 역설한다. 합리적 개인주의자를 향한 욕구는 한국 사회에서 보편적이다. 민주당은 이를 외면하면 안 된다.

한국에서 민주당이 속한 세력을 '진보'라고 부르기 시작한 것은 그리 오래되지 않았다. '진보'보다는 '민주'라는 명칭으로 불렸다. '진보'라고 하면 민주노동당이나 진보신당 같은 진보 정당을 의미했다. 2009년 노무현 전 대통령이 《진보의 미래》를 발표한 뒤로 민주당이 스스로를 '진보'라고 부르기 시작했다. 그 당시 세계는 미국 발 금융위기로 진보의 흐름이 형성되었고, 한국에서도 무상급식에서 시작된 복지국가 흐름이 강해지고 있었다. 그런데 15년이 지난 지금 벌써 진보라는 명칭도 많이 퇴색되었다고 느껴진다. 민주당이 속한 진영은 자기 이름을 잃고 있는 것이다.

미국 정치에서 진보 진영(미국 민주당이 속한 진영)의 명칭은 '리버럴liberal'이다. 우리말로 하자면 '자유 진영'이다. 단어 그대로 미국의 진보 세력은 자유주의를 그 근본 철학으로 한다. '리버럴'을 우리말로 옮길 때 '진보 진영'이라고 번역한다. 재미있는 것은 미국 정치에서는 '진보progressive'라는 단어가 진보가 아니라 오히려 보수적인 의미를 갖는다는 점이다. 이렇게 명칭은 역사성에 따라 달리 쓰이기 마련이다.

그런데 최근 윤석열 대통령이 자유라는 단어를 남용해서 참보기에 안 좋다. 윤석열 대통령도, 그가 속한 국민의힘도 자유와는 너무도 먼 세력인 데다 과연 제대로 이해하고 쓰고 있는지 의문이 들기 때문이다. 하지만 더 안 좋고, 더 걱정되는 것은 갈수록 자유라는 단어가 민주당과는 무관한 낱말이 되고 있는 것은 아닌가 하는 생각이 들어서다.

그래서는 안 된다. 자유주의를 잃어버리면 한국 민주당에게 미래는 없다. 그런 점에서 차라리 민주당이 속한 진영을 '자유 진영'이라고 말할 수 있을 정도의 각오를 가지고 노력해야 한다고 제안한다.

3부

민주주의는 구원될 수 있을까?

7장

중도 포용이 선거 승부를 결정한다

●

우리는 1부에서 세계 곳곳에서 벌어지는 정치 내전의 원인에 대해 심도 깊게 분석했다. 2부에서는 근원적 접근을 위해 진화생물학과 인류학의 연구 성과를 바탕으로 정치와 인간에 대한 본질적 접근을 시도했다. 특히 5장과 6장에서는 그동안 우리가 가지고 있던 인간에 대한 상식적 이해를 뒤집었다. 인간은 근본적으로 개별적 존재, 이기적 존재가 아니었다. 인간은 근본적으로 집단적 존재, 이타적 존재였다. 그런데 그 집단성과 이타성은 배타적인 것이었고, 그것은 부족주의라고 표현할 수도 있는 것이었다. 인간의 본성에 가장 맞는 정치체제는 부족주의인지도 모른다. 그리고 지금 우리가 목격하고 있는 정치 내전은 인간의 본성이 바뀌지 않았음을 보여준다.

그러나 우리는 인류가 자신이 타고난 본성에 머물지 않았음을 잊지 말아야 한다. 인류는 보편타당하고, 호혜평등한 '개인'의 개념을 발명했고, 인간의 본성인 부족주의와 배타성을 넘어서는 보편타당한 시스템을 만들어 냈다. 특히 1945년 이후 자유주의와 민주주의, 복지국가가 통합되어 운영된 시스템은 인류 역사에서 최고의 황금기를 구가했다. 그것의 철학적 기반은 '진보적 자유주의'였다. 비록 지금 세계가 정치 내전이 심각하고, 부족주의 정치가 횡행한다고 해도 결국 인류는 그러한 한계를 넘어설 수 있을 것이다. 3부에서는 그것이 어떻게 가능한지를 자세히 살펴보겠다.

국민적 상식으로 누구나 알아야 할 정치의 네 가지 문법

결론부터 미리 말하자면, 나는 3부에서 정치 내전에서 벗어날 수 있는 세 가지 대안을 제시할 것이다. 여기에 3장에서 본 '민주주의 집단이론'까지 포함하면 일종의 '승리하는 정치를 위한 4대 문법'이라고 할 수 있다. 상품 판매를 위한 광고를 하듯 말해 보지면, 그것은 선거 승리와 성공한 정부를 위해서 필요한 문법이고, 어디 가서 정치에 대해 아는 척하기 위해 알아 두어야 할 문법이며, 정치가 주는 삶의 지혜를 배우기 위해, 나아가 승리하는 인생을 위해서도 반드시 알아야 하는 국민적 상식 수준의 문법이라고 할 수 있을 것이다. 이 책이 제시하는 정치의 네 가지 문법은 다음과 같다.

첫 번째 문법: 선거 승리의 첫 번째 조건은 지지자의 결집이다.

두 번째 문법: 한국의 선거제도에서는 중도 포용이 선거의 승부를 결정한다.

세 번째 문법: 집권해서 정책의 성과를 내려면 기회주의자가 되어야 한다.

네 번째 문법: 법칙과 문법, 한계를 뛰어넘어야 진정한 정치다.

이 네 가지 문법 중에서 첫 번째는 정치 내전을 만드는 근본적인 원인에 해당하고, 두 번째부터 네 번째까지는 정치 내전을 극복할 수 있는 방안에 해당된다. 이 중 세 번째와 네 번째 문법은 8장과 9장에서 자세히 검토할 것이므로 이 장에서는 두 번째 문법인 '한국의 선거제도에서는 중도 포용이 선거의 승부를 결정한다'에 대해 살펴보도록 하겠다. 이것은 3장에서 자세하게 살펴본 첫 번째 문법인 '선거 승리의 첫 번째 조건은 지지자의 결집이다'와 모순되는 주장처럼 보인다. 사실 그렇다. 이 두 문법은 모순적이고 이율배반적이다.

단순히 모순적인 것만이 아니라 '축차적 우선성'의 관계가 있다. 우리는 '축차적 우선성'이라는 말을 롤스의 《정의론》에서 보았다. 롤스는 '자유의 원칙 → 공정한 기회균등의 원칙 → 차등의 원칙'의 순서로 축차적 우선성이 있다고 했다. 지지자 결집과 중도 포용도 축차적 우선성의 관계가 있다. 중도 포용에 비해 지지자 결집이 확고한 우선성을 갖고 있다는 말이다. 지지자를 결집하지 못하면 당내 경선에서 이길 수 없고, 후보조차 될 수 없기 때문이다.

롤스의 세 가지 원칙을 통상적으로 사용되는 개념들로 표현한다면 자유의 원칙은 대체로 자유주의 원리에 해당하고, 공평한 기회균등의 원칙은 대체로 민주주의 원리에 해당되며, 차등의 원칙은 대체로 사회보장의 원리나 평등주의 경제체제의 구성원리에 해당된다. 롤스가 《정의론》에서 주장한 축차적 우선성은 자유주의, 민주주의, 사회보장(평등주의) 순서였다. 즉 인간의 '보편적 개별성'에서 '배타적 집단성'으로 나아가는 방식이었다.

그런데 정치의 문법에서는 그것이 거꾸로 작용된다. 지지자 결집이라는 배타적 집단성이 먼저고, 그 다음에 중도 포용이라는 보편적 개별성이 필요한 것이다. 정책이 성공하기 위해서는 더욱 인간의 개별성에 초점을 맞춰야 한다(이에 대해서는 8장에서 기회주의라는 키워드로 자세히 살펴볼 것이다).

한국의 선거제도에서는 지지자 결집만으로는 결코 본 선거에 승리할 수 없다. 중도 포용을 해내지 못하면 본 선거에서 필패한다. 왜 그런가? 선거란 본래 그런 것인가? 그렇지 않다. 한국이 채택하고 있는 대통령제와 소선거구제의 특징, 양당제의 제도적 특성이 그와 같은 결과를 만드는 것이다. 이를 이해하기 위해서는 선거제도의 특성을 검토해야 한다.

중·대선거구제
: 채택한 나라가 거의 없는 선거구제

전 세계적으로 나타나는 내전 수준의 정치적 갈등 현상에 안타깝게도 대한민국도 예외가 아니다. 많은 사람들이 지금 우리 정치에서 갈등이 역사상 최고 수준에 이르고 있다고 지적한다. 그래서 대안으로 제시되는 것이 중·대선거구제와 비례대표제다. 지금과 같은 심각한 정치 갈등의 주범은 양당제이니, 중·대선거구제나 비례대표제를 도입하면 다당제 정치가 이루어져 대화와 타협의 정치, 즉 협의제 정치가 실현될 것이라는 주장이다.

그러나 그것은 잘못된 주장이다. 우리나라에서는 소선거구제에 대비되는 제도가 중·대선거구제라고 생각하는 경향이 있는데, 이는 명칭 때문에 생기는 혼란이다. 소선거구제에 대비되는 제도는 비례대표제다. 그리고 지금 전 세계에서 중·대선거구제를 택하고 있는 나라는 내가 아는 한 거의 없다. 우리나라에서는 유신과 5공화국 때, 일본에서는 1994년까지 중선거구제를 택했지만, 한국은 1987년 이후, 일본은 1994년 이후 소선거구제로 바뀌었다.

왜 중·대선거구제를 택하지 않을까? 무엇보다 국민의 뜻이 의석 수에 제대로 반영되지 못하기 때문이다. 중선거구제란 선거구에서 득표수 순서로 2~3명을 뽑는 선거구제인데, 만일 2명을 뽑을 경우 거의 모든 지역구에서 민주당과 국민의힘 후보들이 당선될 것이다. 양당의 후보만 되면 무조건 당선되기 때문에, 출마자들은 공천에만 집중하지 국민들의 선택을 받는 것에는 무관심하게 될 것이다. 그게 무슨 선거인가? 후보자들은 당 지도부 비위를 맞출 뿐, 민심에는 관심도 갖지 않을 것이다.

대선거구제는 한 선거구에서 득표수 순서로 4명 이상의 국회의원을 뽑는 선거구제다. 그런데 5명을 뽑는다고 생각해 보자. 득표율이 30%를 넘는 1위 후보나 2~3%인 5위 후보나 똑같이 1석을 차지할 것이다. 이것을 국민의 뜻이 의석에 반영된 것이라고 할 수 있을까? 여기에 선거구가 넓어서 발생하는 선거비용 증대, 정당 정치의 약화 등의 문제가 있다. 그렇기 때문에 세계의 거의 모든 나라가 중·대선거구제를 채택하지 않는다. 그런데 유독 한국에서만 마치 정치 개혁의 상징으로 주장되고 있다.

비례대표제
: 정치 내전 극복의 해답이 될 순 없다

그럼 비례대표제는 어떤가? 물론 비례대표제는 장점이 많은 제도다. 그래서 많은 나라들이 비례대표제를 채택하고 있고, 우리나라도 소선거구제를 기본으로 하면서 비례대표로 보완하고 있다. 하지만 비례대표제도 생각보다 많은 단점을 가지고 있다. 무엇보다 가장 큰 문제는 유권자가 투표를 정당에 하고, 국회의원은 정당에서 결정하기 때문에 유권자 입장에서는 국회의원을 자기가 뽑는다는 주권자로서의 자부심 내지 효능감을 덜 느낄 수밖에 없다는 점이다.

그리고 비례대표제에서는 과반수 의석이 불가능하기 때문에 언제나 정부 구성에 난항을 겪게 된다. 예를 들어, 벨기에는 2010년 선거 후에는 18개월, 2014년 선거 후에는 5개월, 2019년 선거 후에는 16개월 동안이나 정부를 구성하지 못했다. 하루가 멀다 하고 큰일이 터지는 한국에서 그런 일이 벌어지면 어떻게 될까? 과연 국민들의 안전과 생활이 제대로 보장될 수 있을까? 게다가 어떤 연립정부가 구성될지 모르기 때문에 집권 세력의 잘못에 책임을 묻기도 어렵다.

이런 단점이 있지만, 비례대표제는 다당제를 만들기 때문에 정치적 대립은 덜하다는 장점이 있지 않느냐고 반문할 수 있을 것 같다. 그러나 이 역시 사실이 아니다. 대표적인 사례로 이스라엘을 잠깐 보자. 이스라엘은 완전한 비례대표제를 채택한 다당제 국가이다. 그런데 2022년 총선에서 극우에 가까운 네타냐후가 이끄는 리쿠드당이 32석을 차지해 제1당이 됐고, 리쿠드당보다 더 극우적인 유대교 근본주의 성향의 정당들이 많은 의석을 확보했다. 그래서 네타냐후가 극우 정당 5개를 끌어 모아서 64석 규모의 집권 여당을 구성했고, 그 결과 정치 내전 수준으로 갈등이 격화된 것이다.

이스라엘만 그런 것이 아니다. 2022년 이탈리아 총선에서 무솔리니의 파시스트당의 후계자를 자처한 이탈리아형제들FdI이 원내 최다 의석을 얻어 세계가 충격에 휩싸였다. 이후 이탈리아형제들의 당대표인 조르자 멜로니가 연립여당 구성을 주도해 총리로 취임했는데, 우려했던 것보다는 파시스트적 성향이 강하지 않아서 세계가 안도의 한숨을 내쉬었다.

이스라엘에서 유대교 근본주의 정당이 다수 의석을 확보하고, 이탈리아에서 무솔리니의 후계자를 자처하는 정당이 원내 제1당이 되는 것은 비례대표제의 특성 때문이다. 소선거구제에서는 유대 근본주의 정당이 의미 있는 의석을 확보하거나 파시스트 정당이 제1당이 되는 일은 쉽게 벌어지지 않았을 것이다.

뿐만 아니라 인종주의적 발언으로 유명한 네덜란드의 헤이르트 빌더르스 자유당 대표의 부상, 오스트리아의 극우 정치인 노르베르트 호퍼의 약진 또한 과격 세력의 지배 가능성이라는 비례대표제의 취약점을 보여준다. 헝가리의 오르반도 복잡한 형태의 비례대표제로 선출되어 권위주의적 지도자가 된 경우다.

영국에서는 2015년 선거에서 극우 정당인 영국독립당UKIP은 득표율 13%로, 보수당 37%, 노동당 31%에 이어 3위였다. 만약 비례대표제를 채택한 국가였다면 전체 650석 중에서 100석 정도는 배분될 수 있는 득표율이었다. 하지만 영국은 소선거구제였고, 영국독립당은 지역구에서 단 1석만 당선되었다.

비례대표제에서는 과격 세력이 자신들의 호소를 온건하게 조정할 유인이 적고, 대중을 극렬 소수로 결집해 양극화된 정치의 볼모로 잡을 유인은 크다. 비례대표제는 극렬 소수에 봉사하는 정치인에게 너무 쉽게 보답한다.

왜 그럴까? 다당제에서 모든 정당에게 가장 자명한 전략은 선거에서 핵심 지지층을 최대한 끌어내는 것이기 때문이다. 이를 위해 각 정당에게 가장 현명한 선거 전략은 더 경직되고, 더 과격하고, 더 배타적인 입장일 수밖에 없다. 핵심 지지자들은 타협을 좋아하지 않는다. 선거 후 협상력을 극대화하기 위해서도 미리 과격한 입장을 취하는 것이 유리하다.

정부 구성 협상은 나중에 걱정하면 된다. 양당제에서 정당의 정체성과 평판은 오래 유지되는 결혼에 가깝지만, 다당제에서의 정당 연합은 가벼운 연애에 불과하다. 연립정부를 구성하기 위해 결탁하면서 정당들은 각자의 핵심 지지층을 위한 정책을 대가로 주고받는다. 그 과정에서 국민 다수에게 유익한 경제정책을 희생시켜서라도 그렇게 한다.

정치 내전의 원인은 양당제가 아니라 극단 세력의 지도부 장악 때문이다

정치 양극화, 양당 대립과 같은 단어를 자주 쓰다 보면 마치 양당제 때문에 정치 갈등이 심화되고 정치 내전까지 나아가게 된다는 착오 내지 프레임에 빠지게 된다. 그러나 이는 양극이니 양당이니 하는 단어가 주는 느낌 때문이고, 문제를 정확히 봐야 한다. 문제는 양당제가 아니다. 세계 어느 나라든, 정치 내전 수준으로 정치적 갈등이 심화되는 나라에서 그 원인은 극단적 정치 세력에 있다. 극단 정치 세력이 양당제에서 지도부를 장악하면 갈등이 심해지고, 다당제에서 연립정부에 포함되면 갈등이 심해진다.

예를 들어 보자. 양당제인 미국에서 정치 갈등이 심해진 것은 트럼프 같은 사람이 공화당을 장악해서 그렇다. 앞에서 봤듯이 비례대표제와 다당제를 채택한 이스라엘의 심각한 갈등은 네타냐후 연립정부에 유대교 원리주의 정당이 포함되었기 때문이다. 한국에서도 윤석열 정부가 갈수록 극단화되기 때문에 정치 갈등이 심해지고 있는 것이다.

한국에서 중·대선거구제를 도입하고 비례대표제를 확대해 진보 정당의 의석을 늘리면, 한국 정치를 퇴행시켜 온 거대 양당의 카르텔을 무너트리고, 정치적 골목 상권의 다양성을 회복해, 국민들의 선택지를 늘릴 수 있기 때문에 정치 갈등이 완화될 것이라고 주장하는 사람들이 생각보다 많다. 그러나 만일 대선거구제를 도입해서 한 선거구에서 5명의 의원을 뽑는다고 생각해 보자. 아마 각 선거구마다 민주당 1석, 국민의힘 1석은 분명할 것이고 정의당보다는 진보당이나 우리공화당과 같은 작지만 확실한 지지표가 있는 정당들이 1석씩 얻게 될 것이다.

그렇게 민주당 1석, 국민의힘 1석, 중도 정당 1석, 진보당 1석, 우리공화당 1석을 얻었다고 가정해 보자. 그럼 한국 정치에서 갈등이 완화될까? 대선거구제에서는 진보당이나 우리공화당 같이 확실한 좌파 정당이나 극우 정당이 수혜를 입을 텐데 그런 정당이 의미 있는 의석을 확보해서 캐스팅보트를 쥐게 되면 과연 한국 정치는 어디로 갈까?

중 · 대선거구제나 비례대표제가 중도 정당에 유리하지 않을까? 정치학자들은 그렇지 않다고 말한다. 비례대표제가 도입되어 정당이 난립하고 단일 이슈 정당이 생길수록, 더 경직되고 더 배타적인 정당이 선거에서 표를 얻기에 유리하다. 그리고 그럴수록 정치 갈등은 심해질 것이다. 비례성을 강조하는 선거제를 기반으로 의원내각제를 해온 북유럽과 이탈리아 등에서 갈수록 과격한 정책을 내건 정당이 우세를 보이는 것에서 알 수 있듯이, 다당제와 비례대표제가 한국에서 이야기되는 것처럼 정치개혁의 상징이나 만병통치약은 결코 아니다.

중도 지향적인 양당제, 정치 내전 극복 가능성도 높다

한국에서는 낙후되고 극복해야 할 제도로 취급되는 경향이 있지만 사실은 양당제와 소선거구제는 생각보다 장점이 많은 제도다. 다수대표제와 승자 독식을 특징으로 하는 소선거구제와 양당제에서 소수의 격렬하고 특이한 요구에 부응했다가는 패배할 수밖에 없기 때문에, 양당제에서는 다수 유권자에게 유익한 정책이라고 신뢰성 있게 주장할 수 있는 정책을 채택하려는 유인이 생긴다.

그래서 양당제 국가에서 일반적으로 중도좌파 정당은 기업과 소비자 이익집단을 최대한 안심시키려고 신경 쓰고, 중도우파 정당은 노동자 보호, 보건, 사회보장 등에 신경을 쓰는 것이다. 이처럼 양당제에서는 서로의 차이가 줄어드는 특성이 있다. 이렇게 양당 사이에 정책적 차이가 없어지는 것은 장점이지 단점이 아니다. 대다수 유권자가 원하는 것을 정책에 반영하는 것이기 때문이다.

한국에서는 양당제 때문에 정치 갈등이 심화되고 정치 내전으로 치닫게 된다는 프레임이 작동되는데, 실은 중도 지향적인 양당제가 오히려 정치 내전 극복 가능성이 높다고 할 수 있다. 세계 어느 나라든 정치 내전이 벌어지는 나라는 그 원인이 극단적 정치 세력에 있다. 양당제에서도 극단적인 정치 세력이 양당의 지도부를 장악할 가능성이 있지만, 제도적 유인 덕분에 다당제보다는 그 확률이 낮다.

양당제에서는 핵심 지지층의 이익만 챙기지 않고, 케인스가 비유한 미인투표처럼 행동하게 되기 때문이다. 케인스는 주식투자를 미인투표에 비유했는데, 각자가 예쁘다고 생각하는 미인이 아니라 다른 사람들의 취향에 가장 맞을 것 같은 미인에게 투표하는 것과 같다는 것이다. 이렇게 투표하면 그 결과는 극단적인 성향보다는 다수의 의견에 모아지는 중도 수렴이 될 가능성이 높을 수밖에 없다.

프랜시스 로젠블루스와 이언 샤피로가 함께 쓴 《책임정당: 민주주의로부터 민주주의 구하기》는 양당제의 장점 중 하나로, 양당제에서는 한 정당이 선거에 패배해 정권을 넘겨주더라도 '충성스러운 야당loyal opposition'으로서의 역할을 하게 된다는 점을 강조한다. 그들에 따르면 '충성스러운 야당'의 핵심적 역할은 정부 감시와 비판이다. 다당제에서는 통일된 야권이 없어서 집권 실패 후에는 갈라설 유인이 있고, 집권 연정에 참여할 수도 있어서 감시에 소홀할 가능성이 있는 반면, 양당제에서는 야당이 되면 바로 정부에 대한 감시와 비판을 시작한다. 그래서 양당제의 야당은 '믿음직한 예비 정부'의 역할을 하게 된다. 이처럼 하나의 유력한 야당이 존재해야 유권자가 현 상태를 대체할 수 있는 대안을 신뢰할 수 있고, 또 그렇기 때문에 야당이 집권 세력을 비판할 수 있는 것이다.

우리는 3장에서 에이큰과 래리 바텔스가 스스로를 현실주의자라고 자처하면서 주장하는 '민주주의 집단이론'을 살펴봤다. 그들은 대중들이 합리성보다 집단 정체성과 진영논리에 따라 정치적 판단을 한다면서 정치를 움직이는 힘은 개인이 아니라 집단이라고 주장했다. 또한 양당제를 채택하고 있는 미국의 선거를 면밀하게 조사해 보니 유권자가 가운데로 몰리는 단봉 분포가 아니라 양쪽으로 갈리는 쌍봉 분포를 보였다면서, 이를 근거로 앤서니 다운스의 중위투표자 정리를 비판했다.

양당제에서는 유권자들이 가운데로 몰린다는 다운스의 주장은 경험적으로 봐도 사실과 다르다. 양당의 지지자들이 양쪽에 위치해 쌍봉 구조를 이루고 있는 것만은 분명하다. 특히 미국의 경우 1950~60년대에는 단봉 분포와 비슷했지만 정치 갈등이 심해진 최근에는 확연한 쌍봉 분포를 보이고 있다.

그러나 선거에서 중간층이 선거 결과를 좌지우지하는 것 역시 대통령제와 소선거구제의 분명한 특징이기도 하다. 양당제의 후보자에게 '지지자 결집'과 '중도 포용'은 축차적 우선성의 과제이기 때문에 지지자 결집이 우선하는 것은 분명한 사실이다. 하지만 최종적으로는 후보자가 이슈에 대해 여론의 중위수 입장을 취할 때 유권자의 득표를 극대화할 수 있는 것은 분명하다. 이에 대한 구체적 증거는 뒤에서 살펴보겠다.

다수 유권자를 폭넓게 포용하고 다수에게 유리한 합의 사항을 집행할 만큼 규율 있는 정당은 우리가 민주주의 사회에서 가질 수 있는 최선의 정당이다. 건강한 민주주의는 크고 강한 정당에 의존한다. 규율 잡힌 양대 정당이 경쟁할 때 대다수 유권자의 장기적인 이익에 맞는 정책을 생산할 가능성이 높다.

강한 국민, 강한 정당, 양당제 : 한국이 선진국으로 도약한 원동력

3장에서 살펴본 조너선 갓셜의 《이야기를 횡단하는 호모 픽투스의 모험》에는 진화적 목적에 맞는 잘 팔리는 이야기의 보편적인 문법이 제시되어 있다. 첫 번째 보편적 문법은 '우리는 구제불능 엉망진창의 세계에 살고 있다', 두 번째는 '이런 엉망진창의 세계에서 벗어나려는 착한 주인공이 있다'이다. 주인공을 부각하려면 반드시 주인공이 속해 있는 현실은 암울해야 한다.

그래서일까? 세계 어느 나라에서나 정치인들은 현실을 비하한다. 구제불능이고 엉망진창인 세상이라고 비탄해 마지않는다. 한국 정치인들도 마찬가지다. 이는 진보와 보수를 가리지 않고, 한국 정치인들의 기본적인 논리 전개 방식이다. 하지만 대한민국은 성공한 나라다. 정치적으로도, 경제적으로도 선진국이 되었다. 나는 대한민국이 선진국으로 발전한 원동력의 중요한 하나가 바로 정치라고 생각한다. 오해하지 않기 바란다. 정치인들이 잘했다는 뜻이 아니다. 대한민국 국민이 정치적으로 뛰어난 국민들이라는 의미다. 권력이 오만해지면 가차없이 심판한다.

돌아보면, 주변의 동아시아 국가 중에서 국민이 권력을 해고하는 나라는 대한민국밖에 없다. 대만도 정권교체가 있었지만 아직 우리나라 정도로 상시적이지는 않다. 일당독재 국가인 중국과 북한은 말할 것도 없고, 일본조차 국민이 권력을 해고

할 수 있는 나라가 아니다. 제대로 그렇게 해본 적도 없다. 지난 20~30년 동안 한국은 도약한 것에 반해 일본은 정체된 측면이 강한데, 나는 그 힘이 권력보다 강한 국민, 대한민국의 민주주의의 저력에 있다고 생각한다.

왜 그런가? 어떻게 한국인은 다른 아시아 국가의 국민들보다 권력에 대해 거리낌 없고 당당한 국민이 되었을까? 왜 국가에 비해 국민이 강한 나라가 되었을까? 나는 국민들이 언제든 쉽게 권력을 해고할 수 있도록 하는 대안 정당인 '충성스러운 야당', 한마디로 표현하자면 '강한 정당' 때문이라고 생각한다. '강한 국민'은 '강한 정당'에서 나왔다고 나는 자신 있게 말할 수 있다.

한국도 과거에는 보수 정당만이 집권할 수 있는 사실상 일당제였다. 지금도 일본, 멕시코, 인도, 남아공은 그렇다. 그런 나라들에서는 당내 경쟁만이 유일하게 유의미한 정치 경쟁일 수밖에 없고, 심각한 수준의 후견주의와 부정부패가 아직도 만연해 있다. 민주주의에 있어 후진국, 즉 정치 후진국인 것이다.

그러나 한국은 1997년 민주당이 최초의 정권교체를 이룬 후 상시적인 정권교체가 가능한, 명실상부한 양당제 국가가 되면서 국가 체질이 바뀌었다. 중도 지향적인 집권 여당과 믿음직한 예비 내각을 준비하고 있는 충성스러운 야당이 갖춰지면서 국민은 부담 없이 정권을 심판하고 권력을 해고할 수 있게 되었다. 그 과정을 거치면서 대한민국의 강한 국민이 만들어졌고, 권력에 대해 거리낌 없고 당당한 국민이 되었다.

윈스턴 처칠은 “민주주의는 최악의 통치 형태다. 지금까지 시도됐던 다른 통치 형태를 모두 제외한다면 말이다”라며 민주주의를 칭송했다. 이 말은 정당 정치에도 사용될 수 있다. “정당 정치는 최악의 민주주의다. 지금까지 시도됐던 다른 정치 형태를 모두 제외한다면 말이다.”

인류는 지금까지 정당 정치 이상의 민주주의를 고안하지 못했다. 정당 정치는 정당 간의 경쟁과 대결을 통해 국민으로 하여금 권력을 해고할 수 있도록 만들고, 그 과정을 통해 국민의 뜻이 국정에 반영될 수 있도록 만든다. 그것이 가능하려면 정당이 강해야만 한다. 정당이 강해야 국민이 강한 것이고, 그래야 국민이 권력을 이길 수 있는 것이다. 지금까지 한국의 민주주의는 그렇게 발전해 왔고, 또 그것이 긍정적으로 작용해서 한국이 선진국이 될 수 있었다.

한국 정치를 발전시켜 온
국회 합의제 시스템이 위기에 처해

나는 광고PD와 방송PD를 하다가 우연한 계기로 2000년에 국회의원 보좌관으로 일하게 되면서 정치권에 진입했는데, 그때 놀란 것 중 하나는 대한민국 국회는 사실상 만장일치제라는 점이었다. 대부분의 사람들이 국회는 맨날 여야가 피 터지게 싸우는 곳으로 생각하지만, 그것은 그런 장면이 언론에 부각돼서 그렇지 대부분의 사안은 여야가 합의해서 처리하는 것이 1988년 이후 대한민국 국회의 관습이자 전통이었다. 특히 의정활동의 꽃인 상임위 활동은 거의 100% 만장일치로 이루어졌다. 표결로 안건을 처리하는 경우는 거의 없었다. 표결로 처리할 경우에는 어떤 것을 표결로 처리할 것인지조차 100% 합의에 의해 결정했다.

이는 다른 나라의 의회와는 많이 다른 전통인데, 왜 그렇게 되었을까? 상임위원장을 원내 다수당이 독식하지 않고 의석 비율대로 배분하는 것은 대한민국 국회의 독특한 관습이다. 그런 전통은 1987년 민주화 이후 첫 국회였던 13대 국회에서 시작되었다. 13대 국회는 여소야대였는데, 외국처럼 의회의 과반수를 차지하는 정당들이 상임위원장을 독식하면 평화민주당, 통일민주당, 신민주공화당의 야 3당이 연합해서 상임위원장을 나눠 갖고 여당인 민주정의당은 배제되어야 했다. 그때 김대중 평화민주당 총재가 주도해 의석 비율로 상임위원장을 배분하는 전통을 만들었다.

그것은 일종의 타협과 양보의 시스템이었다. 당시 민주정의당은 단독 당으로서는 다수파였고 권력을 쥐고 있었지만 독재의 후예라는 점 때문에 명분에서 밀렸다. 반면 민주 세력(당시 평화민주당과 통일민주당)은 민주화를 이뤘다는 점에서 명분으로는 앞섰지만 각각의 당은 소수파였기에 세력에서 밀렸다. 그런 상황에서 서로 타협하고 양보하면서 위원장을 배분하고, 모든 결정을 사실상 만장일치로 진행하는 합의제 시스템을 정착시켰고 그것이 지금까지 관습으로 이어져 온 것이다.

그런 정치 시스템이 대한민국을 선진국으로 만든 힘이라고 생각한다. 비록 국민들로부터 지탄의 대상이 되고 있는 국회요, 정치지만, 그렇게 누구나 욕할 수 있다는 것만으로도 국민들이 정치를 무서워하지 않는다는 증거이기도 하다. 합의제 시스템은 권력의 힘을 좀 더 약화하는 데 나름의 역할을 했다고 할 수 있다. 그러나 지금 대한민국 정치에서는 1988년 이후 계속되었던 합의제 시스템이 조금씩 무너지고 있다. 아쉬운 일이다.

양당제에서 극단적 후보는 선거에서 진다
: 트럼프, 코빈, 샌더스

나는 앞에서 정치 내전의 근본적 문제는 양당제가 아니라 극단적 정치 세력이라고 지적했다. 양당제에서는 다수 유권자에게 유익한 정책이라고 신뢰성 있게 주장할 수 있는 정책을 채택하려는 유인이 생긴다고도 했다.

이런 장점 때문에 소선거구제와 양당제를 채택한 나라가 생각보다 많다. G7 나라 중에 5개 나라가 소선거구제를 채택하고 있다. 독일도 절반은 소선거구제로 뽑는다. 미국의 대통령제도 성격상 소선거구제와 비슷하다고 할 수 있는데, 이들 나라 중에서 최근에 극단적인 인물이 중요 정당의 지도자 내지 대선후보가 된 사례로 미국 공화당의 트럼프와 영국 노동당의 제러미 코빈이 있다. 그리고 대선후보가 되지는 못했지만 미국 민주당의 버니 샌더스도 있다.

트럼프는 2016년 대선에서 돌풍을 일으키며 대통령에 당선되었고 2020년 대선에서 재선에 실패했다. 그런데 트럼프의 대선 결과를 볼 때 우리가 간과하는 것이 있다. 그것은 미국은 한국보다 국민이 권력을 해고하는 민주주의 시스템이 더 보편화되어 있다는 점이다. 트럼프가 재선에 실패하기 이전까지 미국 대선은 8년마다 정권이 교체되는 것이 거의 관례였다. 한번 당선되면 대부분 재선된다는 것이다.

다시 말하면 2016년 대선에서 트럼프가 당선되었을 때 그것이 기적처럼 여겨졌지만 사실 그 선거는 원래 공화당 후보가 될 차례였다. 다만 공화당 후보가 트럼프이다 보니 마치 힐러리 클린턴이 될 것처럼 보였던 것이지, 사실은 그렇지 않았다는 것이다. 오히려 항상 재선되는 선거에서 실패한 2020년 대선이 특별했다고 할 수 있다. 그리고 2022년 중간 선거에서도 트럼프가 지지했던 후보들은 대부분 낙선했다.

선거란 알 수 없는 일이다. 워낙 변수들이 많아서 함부로 예측하기 어려운 영역이다. 주식과 비슷하다. 더구나 지금 공화당 후보로서 트럼프의 지지율은 압도적이다. 현재 미국 대통령인 조 바이든이 고령 등의 문제로 인기가 없기 때문에 불출마를 요구받고 있기도 하다. 이런저런 요인이 있지만 분명한 것은 트럼프처럼 극단적인 시도자로 인식되면 대통령 선거에서 승리하기가 쉽지 않다는 점이나.

영국 노동당의 제러미 코빈의 사례를 보자. 그는 30년 변방 정치인이었다. 그런데 갑자기 참신한 인물로 여겨졌고, 열광하는 사람들이 생겨났다. 노동당 기준으로도 심한 좌파여서 결코 총리로 선출될 수 없을 것이란 전망은 코빈에 열광하는 사람들에겐 중요하지 않았다. 이들이 활동할 공간도 열렸다. 노동당은 2014년에 3파운드(약 5천 원)만 내면 누구나 당수 투표를 할 수 있게 했다. 중도적인 사람들, 합리적인 사람들에게 투표 기회를 주겠다는 명분이었다. 그러나 막상 수혜자는 코빈이었다. 추가로 등록한 10만여 명 중에서 84%가 코빈을 지지했고, 코빈은 당수 투표에서 59.5%를 얻어 압승했다.

앞서 언급한 《책임정당》에서 로젠블루스와 샤피로는 제러미 코빈의 노동당 당수 당선으로 영국 정치에서 가장 초현실적이라고 할 만한 시대가 열렸다고 비판한다. 당선 직후부터 코빈의 급진 좌파 노선은 같은 당의 온건 좌파 노선과 격렬하게 부딪쳤고, 갈등은 봉합되거나 조정되지 못한 채 결국 전쟁 상태에 돌입했다. 예비 내각 각료들이 코빈에 반대해 연달아 사임했고, 2016년 6월 원내 노동당 의원들이 코빈을 불신임 투표에 부쳤다. 결과는 반대 40표, 찬성 172표였다. 그러자 의사당 밖에선 1만여 명의 지지자가 항의 시위를 했고, 9월에 다시 열린 당수 투표에서 코빈은 2015년 경선보다 더 높은 61.8%의 득표율로 당선되었다.

그러나 코빈이 이끄는 노동당은 총선에서 연거푸 졌다. 2017년 4월 브렉시트 국민투표 이후에 실시된 2017년 6월 총선에서도 패배했는데, 만일 코빈이 이끌지 않았더라면 아마도 노동당이 승리했을 것이라는 지적이 많다. 그러나 그 후에도 코빈은 극렬 소수파가 당을 장악하도록 하는 노동당의 분권화 개혁을 강화했다. 그 결과 2019년 12월 총선에서는 심각한 수준으로 참패했다. 코빈은 어쩔 수 없이 자진 사퇴했다. 후임 당수인 키어 스타머는 코빈이 무력화한 노동당 국회의원의 발언권을 되살렸다. 당원들 권한도 줄였다. 보수당이 엉망진창인 탓도 있다지만, 노동당은 비로소 집권 가능성을 꿈꿀 수 있게 됐다.

다음은 미국의 버니 샌더스를 보자. 그는 스스로를 '민주사회주의자'라고 칭하는데, 자신의 신념이 민주당과 맞지 않다며 무소속으로 활동했다. 그는 2016년과 2020년 민주당 대선후보 경선에 참여해 예상외의 돌풍을 일으켰다. 하지만 2016년에는 힐러리 클린턴에게, 2020년에는 조 바이든에게 패배해 민주당 대선후보가 되지 못했다. 이는 미국 민주당의 주류가 중도좌파 성향이어서 사회주의자를 자처하는 샌더스에게 거부감을 느꼈기 때문이었다.

그런데 만일 샌더스가 민주당 대선후보가 되었더라면 어떻게 되었을까? 선거는 알 수 없는 일이지만 아마 2016년에는 더 졌을 것이고, 2020년에도 이기지 못했을 것이라는 게 일반적 분석이다. 여러 가지 자료를 보면 여전히 미국에서 샌더스 정도의 성향에는 많은 거부감을 가지고 있음을 볼 수 있다.

한국 대선의 역사는 중도 포용의 역사였다

이상에서 우리는 미국과 영국에서 극단적 인물로서 실패한 사례를 살펴보았다. 그에 반해 중도 포용적인 인물로서 성공한 사례로는, 제3의 길로 상징되는 영국 노동당의 토니 블레어, 미국 민주당의 빌 클린턴, 버락 오바마 등을 들 수 있다. 그렇다면 한국 대선에서는 어땠을까?

직선제 도입 이후 한국 대선은 중도 포용의 역사였다고 해도 과언이 아니다. 역대 대선에서 중도 포용 전략을 취한 후보는 이겼고, 그렇지 않은 후보는 졌다. 먼저 1992년 14대 대선에 김영삼 후보가 민주자유당 후보로 당선되었는데, 야당 지도자였던 김영삼이 3당 합당 이후 여당 후보로 변신해 당선된 것이다. 여당이 야당 후보를 영입해서 여당 후보로 내세운 경우였다. 인물 측면에서의 중도 포용 전략이라고 할 수 있다.

1997년 15대 대선에서 김대중 후보는 김종필과 'DJP 연대'를 해서 정권의 절반을 주고서야 가까스로 당선되었다. 1992년 대선에서 민중운동 세력인 전국연합과 연대했던 김대중은 1997년 대선에서는 거꾸로 보수 정치인이자 충청 기반의 김종

필과 손을 잡았던 것이다. 2002년 16대 대선에서 노무현 후보는 당시의 지배적이었던 영호남 대결 구도에서 호남당인 민주당이 영남 후보인 노무현을 내세운 경우였다. 지역적 측면에서 상대 진영 지역 출신의 후보를 내세워서 승리한 경우였다.

2007년 17대 대선에서 이명박 후보는 당시 대선 구도가 워낙 압도적인 판세여서 그런지 전혀 중도 전략을 내세우지 않았다고 할 수 있다. 2012년 18대 대선에서 박근혜 후보는 진보의 전매특허 같았던 정책인 복지국가와 경제민주화를 대거 흡수해 승리했다. 정책적 측면에서의 중도 포용을 한 셈이다. 2017년 19대 대선에서 문재인 후보는 박근혜 대통령 탄핵 이후 형성된 압도적 판세여서 특별하게 중도 전략을 내세우지 않았다.

그리고 2022년 20대 대선에서 당선된 윤석열 후보는 문재인 정부의 검찰총장 출신으로, 김영삼의 예처럼 후보의 측면에서 상대 진영 인물을 영입한 케이스였다고 할 수 있다. 박근혜 탄핵으로 인해 보수 세력이 궤멸된 이후 보수 진영이 가지고 있는 곤혹감과 절실함이 느껴지는 대목이다. 집권 이후 갈수록 극우적 색채를 보이고 있지만 어쨌든 후보 측면의 중도 포용의 사례라고 할 수는 있겠다.

이상의 사례에서 볼 수 있듯이 직선제 이후 한국의 대통령 선거는 중도 포용의 역사였다. 특히 소수파 정당일수록, 판세가 어려울수록 중도 포용 전략을 적극적으로 쓸 수밖에 없었다. 그리고 그런 전략이 성공한 사례가 많다. 나는 《진보 세대가 지배한다》에서 소수파는 중도 포용 전략을 쓸 수밖에 없지만 다수파가 되면 자신의 신념대로 해도 선거에서 승리할 수 있다고 말했는데, 그것은 잘못된 이야기였다. 선거는 상대가 있는 게임이기 때문이다.

다수파라고 중도 포용 전략을 쓰지 않는다면, 소수파인 상대가 아주 적극적으로 중도 포용 전략을 쓸 경우 중도 유권자를 뺏기게 되고, 결국 선거 패배로 귀결될 수 있다. 그런 점에서 유권자 구도에서 다수파라고 해서 반드시 승리한다고 볼 수는 없다. 다수파라고 마음 놓고 핵심 지지층을 위한 정책을 내세우다가는 낭패를 볼 수 있다. 다수파라고 반드시 승리한다면, 소수파였던 김대중 후보도, 노무현 후보도 결코 대선에서 승리할 수 없었을 것이다. 그들은 유권자 구도에서는 완벽한 소수파였지만 적극적 중도 포용 정책으로 승리했고, 그것은 역으로 말하면 상대였던 이회창 후보가 중도 포용 전략에서 방심했던 것이라고 할 수 있다.

다수파의 오만
: 다수파는 어떻게 소수파로 전락하는가?

여기서 한 가지 궁금한 점이 생긴다. 과연 국민들 입장에서 보았을 때 양당의 중도 포용 전략은 이득일까? 다양한 선택권의 박탈이 아닐까? 나는 명백히 이득이라고 생각한다. 왜냐면 집권당이 잘못했을 때 부담 없이 권력을 해고할 수 있기 때문이다. 만일 양당제에서 두 정당에 아주 커다란 차이가 있다면 집권당이 잘못하더라도 해고하기 어렵게 되고, 그것은 국민이 권력을 해고하는 시스템인 민주주의의 후퇴를 낳기 때문이다. 그러나 양당의 차이가 적으면 적을수록 정권 교체에 대한 부담이 줄어든다.

민주주의는 추구해야 할 여러 가치를 동시에 가지고 있다. 그러나 그중에서 가장 핵심은 인민주권의 원칙이고 그것이 실현되려면 국민이 쉽게 정권 교체를 선택할 수 있어야 한다. 대한민국은 이미 그런 나라가 되었다. 그리고 그런 과정을 거치면서 정치적으로도, 경제적으로도 선진국이 되었다. 국가보다 국민이 강한 나라가 되었다. 진정으로 국민이 국가의 주인이 되는 나라가 되었다.

또 하나 궁금한 점이 생긴다. 그렇다면 왜 다수파 정당은 중도 포용 전략을 하지 않고 방심하게 될까? 나는 그 이유를 '다수파의 오만'으로 본다. 정치에서 다수파 집단이 되면 거칠어지고 오만해질 가능성이 높다. 우리는 그런 모습을 과거 군사독재 시절 집권 세력에게서 많이 봐 왔다. 그들은 권력자의 힘으로, 사회적으로 다수파라는 오만함으로 다른 세력을 탄압하고 함부로 대했다. 군사독재 세력은 전통적으로 한국 사회에서 다수파였고, 그런 모습은 계속되었다고 할 수 있다.

이런 다수파의 오만은 '다수파의 저주' 같은 것이 아닐까 생각한다. 한국 사회의 군사독재 세력, 그 후계자인 보수 세력은 영원히 다수파일 것 같았지만 그렇지 않았다. 따라서 다수파가 되었다고 오만해져서는 안 된다. 역사는 언제나 변화한다. 특히 정치는 살아 있는 생물이다. 다수파가 쉽게 빠지는 '오만의 함정' 때문에 결국 소수파로 전락한다면, 그것은 일종의 '다수파의 저주'라고 할 수 있을 것이다.

과연 지금 민주당은 다수파일까? 2023년 정당 지지도는 면접조사에서는 엇비슷하고, ARS 조사에서는 민주당이 앞서는 것으로 나온다. 더 주목할 만한 조사는 한국갤럽의 '주관적 정치 성향 조사'인데, 한국갤럽은 2016년부터 분기별로 이를 조사해 왔다. 그 결과를 보면, 2016년 1분기에 보수 우위였던 것이 2016년 4분기에 진보 우위로 바뀌더니 2021년 2분기에 다시 보수 우위로 바뀌었다. 대체로 분기점은 2016년 최순실 사태와 2021년 서울시장 보궐선거였다. 그리고 2023년 현재 엇비슷한 형국이 유지되고 있다. 윤석열 정부의 실정 때문일 것이다.

이런 여러 가지를 종합해 볼 때 논쟁의 여지는 있지만, 지금 민주당은 여전히 다수파를 유지하고 있다고 생각한다. 세대 효과로 인해 40대를 중심으로 30대 후반과 50대까지의 연령대에서 높은 지지율을 유지하고 있기 때문이다. 60대 이상은 국민의힘 지지가 압도적이지만 20대와 30대 전반에서는 여성은 민주당, 남성은 국민의힘 지지로 갈리고 있다. 다만, 그 판세가 2021년 이전처럼 확연하게 민주당 우세는 아니라고 생각한다.

내가 하고자 하는 이야기는 현재 다수파인지 소수파인지는 중요하지 않다는 것이다. 선거는 상대적인 게임이고, 소수파인 상대가 중도 포용 전략을 적극적으로 펼치면 다수파도 선거에서 지지 않기 위해 중도 포용 전략을 펼치지 않을 도리가 없다. 중도 포용 전략은 다양하다. 앞에서 보았듯 후보 측면이나 정책 측면도 있고, 세력과의 연대도 있을 수 있다. 이러한 중도 포용 전략은 그것이 옳다는 도덕적 이유 때문에 하는 것이 아니다. 선거 승리라는 현실적인 이유 때문에 할 수밖에 없는 것이다.

8장

기회주의가 정책의 성과를 만든다

●

우리는 앞장에서 당내 경선에서 승리하기 위한 문법과 본 선거에서 승리하기 위한 문법이 다르다는 것을 살펴봤다. 이번 장에서는 집권 후에 성공한 정부를 만드는 데 또 다른 문법이 필요하다는 것을 살펴볼 것이다. 그것은 물리학에서 거시세계에서 작용하는 상대성 이론과 미시세계에서 작용하는 양자역학이 다른 것과 같은 이치다.

정책 성공의 키워드는 기회주의, 선거 승리와는 전혀 다른 접근이 필요

당내 경선 승리의 키워드가 '지지자 결집'이고, 본 선거 승리의 키워드가 '중도 포용'이라면, 정책 성공의 키워드는 '기회주의'라고 할 수 있다. 정책을 성공시키기 위한 문법은 다르다는 다소 뻔하게 들릴 이야기를 강조하는 이유는 가슴 아픈 내 경험 때문이다. 문재인 정부 때 정부와 당에서 열리는 여러 중요한 회의에 배석했다가 가슴이 답답해지는 경우를 많이 경험했다.

예를 들어 부동산 대책을 논의하면서 황당하게 '지지자 결집'을 주장하는 사람이 많았고, 뜬금없이 '중도 포용'을 주장하는 사람도 더러 있었지만, 정작 문제의 핵심을 콕 집어서 해결 방안을 제시하는 '기회주의적'인 사람은 많지 않았다. 아파트 값이 오르는데 임대주택을 많이 지어야 한다는 둥, 종합부동산세를 올려야 한다는 둥 다른 각도의 대책만 이야기했다. 경선 과정과 본 선거, 정책 성공을 위해서는 세 영역에서 전혀 다른 문법이 필요한데, 한 가지 문법으로 여러 영역을 돌려막는 사람들이 많았고 그런 사람일수록 목소리가 높았다.

개인적으로 가장 아쉬운 대목은 이해찬 민주당 대표의 부비서실장으로 일하기 시작했던 초기의 일이다. 나는 투기적 수요를 막는 것도 중요하지만 주택 공급을 늘리는 것도 대단히 중요하다고 생각해, 그린벨트를 풀어서 대규모로 주택을 공급하는 안을 제시했다. 이해찬 대표는 내 의견을 받아들여 공개 발언을 통해 정부와 지자체에 그 방안을 제안했다. 그것은 언론 등에서 대단히 커다란 반응을 일으켰다. 민주당의 변화를 상징하는 정책으로 부각될 정도였다. 하지만 시민단체, 특히 지자체의 강력한 반대에 부딪쳤다. 게다가 민주당 지지층은 주택 공급을 늘리는 것을 별로 좋아하지 않았고, 특히 그린벨트를 풀어서 주택을 공급하는 것은 높은 비율로 반대했다.

이해찬 대표가 당 내외에서 적극 설득하면서 무척 노력했지만, 결국은 유야무야되고 말았다. 과도한 유동성으로 집값이 오를 수밖에 없던 상황에서 초기에 적절한 수준의 주택 공급이 이루어졌더라면 부동산 문제가 그렇게 심각해지지 않을 수 있었는데, 참으로 아쉬운 대목이다.

김대중은 서생적 문제의식과 상인적 현실감각을 함께 강조했는데, 정책의 성과를 이루어내기 위해서는 무엇보다 '상인적 현실감각'이 대단히 중요하다. 현실을 정확히 보지 못하면 결코 해결책을 만들 수도 없고, 위기를 돌파할 수도 없다. 그러기 위해서는 무엇보다 선입관과 고집을 버려야 한다. 현실은 굉장히 복잡하고, 조건에 따라서 상황이 수시로 달라지는데 귀 막고 눈 감고는 '내가 옳다'고 되뇌어서는 안 된다.

케인스는 "사실이 바뀌면 저는 생각을 바꿉니다. 선생님께서는 어떠신가요?"라고 물었다. 당연히 세상이 바뀌면 생각도 바뀌어야 한다. 그것을 부끄러워하지 말아야 한다. 그리고 그런 수

정을 공격하지도 말아야 한다. 하지만 그것은 말로써는 다 표현할 수 없는 대단히 많은 허들이 있는 일이다. 그런 점을 강조하기 위해 나는 정책의 성공을 위해서는 기회주의가 필요하다고 다소 역설적인 단어를 써서 표현하는 것이다.

정책 성공의 길 : 국민을 합리적이고 이기적인 '경제적 인간'으로 봐야

우리는 2부에서 인간의 본성에 대해 깊이 있는 탐구를 했다. 인간은 진화할 때부터 집단적 존재였고, 개인은 근대 서구에서 발명된 개념임을 알 수 있었다. 그리고 정치의 영역에서는 인간의 가장 근본적 본성인 집단성이 아주 강렬히 작용하고 있다는 점도 알 수 있었다. 그리고 그것이 지금 전 세계를 휩쓸고 있는 정치 내전의 원동력이 되고 있었다. 정치적 성공을 위해서는 인간의 집단적 본성이야말로 금과옥조와 같은 지침이었다.

하지만 정책으로 성과를 내기 위해서는 그런 금과옥조는 잠시 미뤄놓아도 좋다. 과장해서 말하자면 아예 고려하지 않아도 좋다. 정책의 영역, 특히 경제정책의 영역에서 인간의 본성인 집단성은 크게 작용되지 않는다. 인간의 집단성을 달리 표현하면 '배타적 이타성'인데, 경제의 영역은 배타적일 수도 없고, 이타적인 경우도 드물다. 대신 자유주의 주류 경제학이 바라보는 인간형, 즉 '경제적 인간'으로 국민을 바라봐야 한다.

5장에서 살펴본 것처럼 자유주의 주류 경제학이 바라보는 인간형인 '경제적 인간'은 두 가지의 특성이 있다. 첫 번째는 합리성이고, 두 번째는 이기성이다. 합리적이라는 것은 이익을 위해서 자신을 적절히 조절하고, 단기적으로뿐만 아니라 장기적으로도 자신에게 불이익이 될 일은 결코 하지 않는다는 것이다. 이기적이라는 것은 자신에게 이익이 될 기회가 생기면 주저하지 않고 다른 사람들을 따돌리고, 어떤 일이라도 서슴지 않고 한다는 것이다.

모든 국민들이 합리적인 동시에 이기적이라고 보고 정책을 펼쳐야 한다. 단기적 여론의 흐름에 촉각을 세우기보다는 국민을 보는 눈을 바꿔야 정책의 성공이 가능하다. 여기에는 '지지자 결집'도 있을 수 없고, '중도 포용'도 있을 수 없다.

'리플리 증후군'
: 정치공세를 현실로 착각해선 안 돼

앞에서도 말했듯이 인류는 지금까지 정당 정치 이상의 민주주의를 만들지 못했다. 정당 정치는 정당 간의 경쟁을 통해서 국민의 뜻이 국정에 반영될 수 있게 했고, 무엇보다 야당을 통해 권력을 해고할 수 있게 함으로써 국민이 권력 위에 설 수 있도록 만들었다.

정당party은 그 어원이 부분part인 것에서 알 수 있듯이 먼저 자신이 대변하고자 하는 부분을 충실히 대변해야 한다. 의미론적으로도, 현실적으로도 그것이 정당의 존재 이유다. 그러나 정당과 파벌은 다르다. 정당이 전체의 목적에 봉사하는 전체 속 부분인 반면, 파벌은 단순한 일부 그 자체에 불과하다. 따라서 선거에서 승리해서 집권한 정당에게는 국가 전체의 부분인 자신뿐만 아니라 국민 모두에게 이롭도록 통치할 불편부당함이 요구된다. 이것이 정당이 파벌과 다른 점이다. 이는 어느 정당이 집권하든 마찬가지다. 갈등을 과도하게 국정에 반영하는 것은 국정의 실패를 낳을 가능성이 높다.

파벌의식을 넘어서야 한다는 점에서 조심해야 할 것이 '리플리 증후군'이다. 리플리 증후군을 보이는 사람은 단순한 거짓말쟁이와 달리 자신이 한 거짓말을 완전한 진실로 믿는다. 리플리 증후군은 《재능 있는 리플리 씨》라는 소설에서 유래되었는데, 알랭 들롱이 주연한 〈태양은 가득히〉나 맷 데이먼이 나오는 〈리플리〉는 이 소설을 원작으로 하는 영화다.

정치권에는 '리플리 증후군'이 넘친다. 계속되는 정치공세를 나중에는 현실로 믿게 되는 일이 흔하다는 말이다. 공산 전체주의 세력이니, 반국가 세력이니 하는 입에 담기도 거북스러운 정치공세도 계속되다 보면 그것이 실제인 것처럼 믿게 되는 것이다. 우리는 3장에서 정당 지지자들은 당파적 충성심을 갖기 때문에 사고방식과 신념이 정당에 의해 정해지고, 선거와 관련된 거의 모든 측면에서 사고가 당파성의 영향을 받는다는 것을 살펴봤다. 이런 당파적 충성심이 리플리 증후군으로 이어지는 것이다.

이처럼 정치권에서는 정치 공세와 선전 선동을 그대로 신념으로 믿어 버리는 일이 허다하다. 여기서 핵심은 진영논리다. 진영논리는 부정할 수 없는 요소다. 하지만 거기에 매몰되면 현실을 제대로 볼 수 없다. 진영논리를 이해하면서도 진영논리에 매몰되지 않아야 가장 현실적일 수 있다.

혁신과 변화
: 왜 기회주의가 정책 성공의 조건인가?

이 책은 정책 성공의 키워드를 '기회주의'라고 다소 역설적으로 표현했는데, 이에는 두 가지 이유가 있다. 하나는 앞에서 지적한 것처럼 국민을 집단적 존재가 아닌 이기적 개인으로 보아야 하기 때문이다. 여론을 활용하거나 선거에서 이기기 위해서는 '민주주의 집단 이론'을 적극 활용하면 되겠지만 정책의 성공, 특히 경제사회 정책의 성공을 위해서는 국민을 합리성과 이기성을 갖춘 경제적 개별 인간으로 바라보고 정책을 펼치는 것이 성공의 길이라는 뜻이다.

다른 하나는 세계적 흐름과 시대적 변화에 발맞추지 않고서는 어떤 정책도 성공할 수 없기 때문이다. 대한민국은 이미 세계에서 가장 개방된 나라인 만큼 아무리 목표와 취지가 좋은 정책이라 해도 세계적 흐름과 맞지 않으면 실패할 수밖에 없다. 눈을 크게 뜨고 귀를 맑게 열고 세상 돌아가는 사정을 살펴야 한다. 그렇지 않으면 실패한다.

변양균은 《경제철학의 전환》에서 한국 진보의 경제철학을 케인스에서 슘페터로 바꿔야 한다고 주장한다. 두 사람 모두 20세기의 가장 위대한 경제학자임에는 분명하지만 21세기 대한민국에 맞는 사람은 슘페터라는 것이다. 케인스는 재정 확대와 금융 정책을 통한 수요 확대를 주장했다. 반면에 슘페터는 '창조적 파괴'를 통한 공급 혁신을 주장했다. 변양균은 4차 산업혁명의 시대인 지금이야말로 슘페터 식의 '공급 혁신'에 의한 새로운 수요의 창출이 절실하다고 강조한다. 슘페터 식 혁신을 추구해야 우리 경제의 구조적 경쟁력이 강화되고 장기적 경제성장도 꾀할 수 있다는 것이다.

최병천은 《좋은 불평등》에서 한국 진보 세력의 경제 접근 방식을 '적폐의 경제학'이라고 표현하면서 이제는 '환경 변화의 경제학'으로 바뀌어야 한다고 역설한다. 그는 '적폐의 경제학'은 국내 요인을 분석 단위로 하고, 국제경제와의 연계망을 중시하지 않기 때문에 자연히 국제경제와는 단절된 폐쇄 모델이 가정된다고 지적한다. 그렇게 일국적 관점에서 불평등을 분석하면 상층의 성공은 하층에 대한 '약탈'의 결과일 수밖에 없게 되고, 그렇게 되면 해결책도 재분배 내지 재약탈이 될 수밖에 없게 된다고 지적한다.

반면에 '환경 변화의 경제학'은 국제경제와 연결된 개방 모델을 가정한다. 불평등의 발생 원인도 글로벌 단위로 분석하며, 상층의 성공 원인을 환경 변화에 대한 적응의 결과로 본다. 예를 들어 한국 대기업의 성공 원인을 '적폐의 경제학'은 정경 유착과 특혜, 중소기업 약탈로 보는 반면, '환경 변화의 경제학'은 글로벌 경제의 변화에 적응해 '창조적 파괴'와 공급 혁신을 한 것으로 본다는 것이다.

슘페터의 '창조적 파괴'와 '공급 혁신'도, '환경 변화의 경제학'도 결국은 시장의 변화, 세계경제의 흐름, 소비자의 취향 변동에 적극 대응해 그에 맞춰 혁신해 나가는 것이 핵심이다. 키워드는 혁신이고 그것은 기회주의적일 때만 가능하다. 그런 점에서 이 책은 기회주의가 정책 성공을 만든다고 주장하는 것이다.

정치의 세 가지 문법도 축차적 우선성의 관계에 있어

롤스는 《정의론》에서 '정의로운 사회질서'를 만들기 위한 정의의 원칙 세 가지, 즉 자유주의, 민주주의, 사회보장의 원리에 축차적 우선성이 있다고 주장했다. 내가 이 책에서 주장하는 정치의 문법 세 가지, 즉 지지자 결집, 중도 포용, 기회주의도 축차적 우선성이 있다고 할 수 있다. 현실적으로 앞의 것이 실현되어야 그다음의 것을 해볼 수가 있다. 즉 지지자를 결집해서 정당 후보가 되어야 본 선거를 치를 수 있고, 중도를 포용해서 당선되고 집권해야 기회주의적 접근 방식으로 정책을 펼칠 수 있기 때문이다.

롤스가 주장한 정의의 3원칙의 순서인 자유주의 → 민주주의 → 사회보장(평등주의)의 순서는 인간의 보편적 개별성에서 배타적 집단성으로 점점 나아가는 방식이었다. 그런데 이 책에서 주장하는 '정치의 문법'은 그와 반대로 나아간다. 지지자 결집이라는 배타적 집단성이 먼저이고, 그 다음에 중도 포용, 이어서 정책적 기회주의라는 보편적 개별성으로 점점 나아가는 것이다. 그것이 정치의 어려움이라고 할 수 있다. 자칫 지지자 결집이 이완될 수도 있기 때문이다.

대표적인 사례가 노무현 전 대통령이다. 그는 지지자 결집, 중도 포용, 기회주의적 정책(현실적이고 실용적인 정책)을 연이어 실천했다. 그랬기에 소수파임에도 대통령에 당선되었고, 지금도 가장 존경받고 좋아하는 대통령으로 꼽히고 있다. 그는 재임 중에 진보 진영의 반대를 무릅쓰고 한미FTA, 이라크 파병 등을 실천했다. 그런 정책은 당시에 지지자의 이완을 초래한 것은 분명하지만, 지금에 와서 보면 국익을 위한 불가피한 선택이었다고 할 수 있다. 그래서 지금은 한미FTA 체결을 비판하는 사람은 진보 진영에도 없다.

하지만 당시 열린우리당은 선거에서 연이어 패배했다. 어떤 이들은 그것이 지지자를 이완시킨 정책 때문이라고 주장하지만 그것은 사실이 아니다. 당시 열린우리당의 선거 패배는 정부 정책의 잘못 때문이 아니었다. 정책으로 인한 지지자 결집의 이완 때문이 아니었다. 그 점에 대해서는 내가 《정치의 귀환》에서 자세히 분석했지만, 당시 열린우리당의 연이은 패배는 대통령의 책임이 아니라 여당인 열린우리당의 책임이었고, 정책의 실패 때문이 아니라 정치의 실패 때문이었다.

당시 집권당은 소수임에도 불구하고 열린우리당과 민주당으로 분당했고, 분당 이후에도 정치 개혁이라는 이름으로 집권당을 계속해서 약화시켰다. 지구당을 폐지했고, 무리하게 당정분리를 했고, 탈권위주의라는 이름으로 권력기관 통제를 방기했다. 집권당을 스스로 무력화한 것이다. 그리고 열린우리당 창당의 주역들이 경쟁하듯이 앞다투듯 열린우리당을 뛰쳐나갔다.

그것은 한마디로 정책의 실패가 아닌 정당의 실패였고, 세계에서 보기 드문 정당정치의 타락이었다. 하지만 집권당의 실패는 고스란히 대통령의 실패가 될 수밖에 없었다.

대한민국 민주당 정책 기조의 역사 : '민족경제론'과 '제3의 길'

과연 한국의 민주당은 정책 성공을 위해 충분히 기회주의자였던가? 그것을 돌이켜 보는 것은 앞으로의 혁신을 기획하기 위해서도 필요한 일이다. 그동안 대한민국 민주당은 크게 몇 차례에 걸쳐 그 정책적 기조가 변화해왔다. 1970년대에는 '민족경제론'에 가까웠고, 1990년대와 2000년대 김대중·노무현 정부 때는 '제3의 길'에 가까웠다. 그리고 2008년 세계금융위기 이후 지금까지는 '보편적 복지국가' 모델에 집중해 왔다.

김대중이 처음 '대중경제론'을 언급한 것은 1969년 〈대중경제론을 주창한다〉라는 《신동아》 기고문을 통해서였는데, 이를 바탕으로 1971년 7대 대선에서 본격적인 경제공약으로 대중경제론을 내세웠다. 이때의 대중경제론은 마르크스 경제학자로 '민족경제론'을 주창한 박현채 교수 주도로 구상된 것이며, 따라서 박현채의 민중주의적 사상이 반영되었다고 할 수 있다. 김대중 스스로도 자서전에서 박현채의 주도적 참여를 밝혔다.

김대중의 대중경제론은 1980년대 미국 망명 이후 그 내용에 변화가 있었고, 점차 시장주의로 옮겨 갔다. 때마침 미국에 있었던 경제학자 유종근 박사의 조력으로 그는 새로운 대중경제론에 착안하는데 그것이 바로 '대중 참여 경제론'이다. 유종근 박사(전 전북지사)의 회고에 의하면, 기존의 대중경제론이 너무 급진적이라 현실과는 다소 동떨어진 정책으로 보였고, 그 결과 시장경제에 기반한 경제 이론으로 탈바꿈했다고 한다.

이러한 김대중의 경제정책은 1990년대 후반기에는 '제3의 길' 노선으로 변화되었나. 1992년 14대 대선 패배 후 정계를 은퇴하고 영국 케임브리지대학에 유학했던 시기가 마침 미국과 영국에서 제3의 길 노선이 제기되던 때와 겹치면서 그러한 변화가 시작되었다. 김대중은 영국에서 신자유주의의 첨병인 마거릿 대처의 정치노선을 연구하였으며, 당시 미국의 빌 클린턴 당선과 영국 노동당에서 시작된 제3의 길로의 변화 노력으로부터 영향을 받았다. 연이은 대선 패배 후 새로운 모색이 필요했던 김대중에게 미국과 유럽의 진보 세력이 제3의 길을 통해 신자유주의의 거센 물결을 극복해 나가는 모습은 큰 힘이 되었다. 김대중은 서구 진보 세력의 제3의 길 노선을 적극 수용했다.

김대중의 이런 변화는 1997년 대선 때 DJP 연대를 가능하게 했고, 그는 대통령에 당선된 이후 정책 기조를 '민주주의와 시장경제의 병행 발전', '민주적 시장경제'가 되도록 만들었다. 김대중은 임기 중에 4대 개혁을 추진해 금융·기업·노동·공공 등 4대 분야에 일대 개혁을 단행했다. 강도 높은 기업 구조조정을 실시했고, 국제 수준의 기업 투명성 강화와 부채비율 축소 정책을 추진했다.

노무현 정부 역시 큰 틀에서 제3의 길 노선을 유지했다. 의료보험 등 사회복지 측면에서 보장성을 높이고, 동반성장의 길을 모색하는 등 더 진보적인 정책을 추진했지만, 한미FTA를 체결하는 등 김대중 정부 이래 제3의 길 노선은 계속 유지되었다. 그래서 노무현 정부는 집권 기간 내내 민주노동당과 민주노총을 비롯한 당시의 '진보 세력'과 사이가 좋지 않았다. 당시 진보세력이 요구하는 정책을 채택하지 않았기 때문이다.

지금 민주당의 '보편적 복지국가' 노선에 대한 성찰 필요

김대중-노무현 정부 동안 대체로 제3의 길 노선에 입각해 있던 민주당이 정책 기조를 크게 바꾸게 된 것은 2008년 금융위기 이후였다. 2007년 17대 대선과 2008년 18대 총선에서 참패한 민주당은 2008년 여름의 광우병 촛불시위와 그해 가을의 미국발 금융위기를 겪으면서 좀 더 진보적 입장을 취하게 된다. 2008년 금융위기 이후 한국에서는 신자유주의에 대한 비판이 높아지고 복지국가와 경제민주화 등 진보적인 정책이 득세하게 되었다. 2010년 지방선거가 무상급식 논쟁으로 치러지고, 2012년 18대 대선에서 박근혜조차 복지국가와 경제민주화를 수용하면서 정책적으로 진보 전성시대가 열렸다.

민주당이 스스로를 '진보'라고 지칭하게 된 것은 노무현 전 대통령이 2009년 《진보의 미래》에서 '진보'라는 단어를 씀으로써 시작되었다고 할 수 있다. 이 책에서 노무현은 재임 시에 진보적 정책을 실천하지 못한 회한을 밝히기도 했다. 이전까지 민주당은 스스로를 '민주 세력'이라고 칭했었는데, 그때부터 민주당이 스스로를 '진보 세력'으로 칭하기 시작했다.

그렇게 보편적 복지국가, 경제민주화, 진보라는 명칭 등이 합쳐지면서 민주당의 기본 노선은 '보편적 복지국가' 노선으로 자리 잡았다. 민주당의 강령도 그렇게 바뀌었다. 나아가 민주당은 문재인 당대표 시절 당의 정책 기조를 '소득 주도 성장'으로 변화·발전시켰다. 그렇게 변화하고 발전한 민주당의 정책노선을 현실에서 실천할 기회를 맞이하게 되었다. 2017년 19대 대선에서 문재인 민주당 후보가 대통령에 당선된 것이다.

인간적 인연의 측면에서 보면 문재인 정부는 완전히 노무현 정부를 계승한 정부요, 후임 정부라고 할 수 있지만 정책 노선에 국한해서 보면 문재인 정부는 노무현 정부와는 많이 달랐다고 할 수 있다. 문재인 정부는 진보 세력의 주장을 매우 적극적으로 수용했다. 아니, 이미 민주당이 스스로를 진보 진영, 진보 세력이라고 지칭하고 있었다.

보편적 복지국가 정책과 경제민주화 정책은 이미 야당 시절에 추진했고, 박근혜 정부도 일정하게 실천했기에 주된 쟁점과 전선은 소득 주도 성장 정책에서 형성되었다. 특히 문재인 정부는 진보적 노동정책을 적극 실천했는데, 최저임금 대폭 인상을 비롯해서 비정규직의 정규직화, 노동시간 단축 등이 그것이다. 그것은 대한민국에서 정책적으로 해볼 수 있는 최대치의 진보 정책이었다. 돌이켜보면 그러한 정책들은 나름의 성과를 거뒀다고 할 수 있다. 하지만 애초에 기대했던 만큼의 성과는 아니었고, 의도하지 않았던 부작용과 논란도 발생했다.

2022년 3월 제20대 대통령선거에서 민주당 후보로 출마했던 이재명 후보는 기본소득이 정책 브랜드라고 할 수 있다. 코로나 국난 상황에서 특히 주목을 받았고 그로 인해 대선후보가 되었지만 0.7%p 차이로 아깝게 낙선했다. 큰 틀에서 보면 이재명 대표도 2008년 이래 민주당의 보편적 복지국가 노선의 연장선상에 있다고 할 수 있다.

하지만 지금 세계의 흐름은 2008년 미국발 금융위기 이후 보편적 복지국가 노선을 채택했던 시절과는 많이 달라지고 있다. 세계의 판도가 바뀌고 있다. 근본적인 성찰이 필요한 시점이 오지 않았나 생각한다. 이제는 민주당이 사고의 틀을 바꿔야 할 때, 새로운 정책 패러다임이 필요한 때가 아닐까? 대한민국이 성공한 이유도, 민주당이 성공한 이유도 세계의 흐름과 변화에 적응했기 때문이다. 지금이 바로 그렇게 해야 할 때이다.

거칠게 말하자면 한국 민주당은 왼쪽(대중경제론)에서 조금씩 오른쪽(대중참여경제론)으로 옮겨가 선진국의 중도좌파 수준(제3의 길)의 정책 노선으로 첫 번째 집권 10년을 보냈고, 야당이 된 후에는 다시 왼쪽(보편적 복지국가)으로 옮겨간 후 그 노선으로 두 번째 집권을 했지만 5년 만에 정권을 넘겨주고 만 것이다. 이 책은 이제 민주당이 조금 오른쪽으로 가야 할 때라고 제안한다. 우리는 다시 한 번 기회주의자가 되어야만 하고 그것을 부끄럽게 생각하지 말아야 한다.

그런 점에서 우리는 김대중의 실사구시 정신, 노무현의 실용주의 정신을 이어받아야 한다. 김대중은 박현채 민족경제론의 영향을 받은 대중경제론에서 시작해 시대의 변화에 맞춰 클린턴, 블레어, 슈뢰더와 같은 제3의 길로 옮겨 갔다. 정책노선은 하나를 계속해서 고집할 이유가 없다. 시대의 흐름에 맞게 적절하게 바꾸면 될 일이다. 과거 민주당의 지도자들은 대체로 역사의 흐름에 민감하게 대응해서 성공했다. 지금 민주당의 지도자들도 충분히 그럴 수 있다고 생각한다.

경제적 측면에서도 정치적 측면에서도 중국발 변화가 시작되었다

그동안의 세계는 역사상 그 유래를 찾아보기 힘든 세계였다. 강대국 사이의 무기 경쟁도, 국경에 대치하는 군대도 없었고, 무역과 금융체제는 개방적이었으며, 대부분의 나라들이 전례 없는 풍요와 자유를 누렸다.

1990년대 이후 글로벌 자본주의 변화는 노동력 규모 증가, 초세계화, 성장률 상승, 이 세 가지로 요약할 수 있다. 노동력 규모는 1990년에서 2000년 사이에 2배가 늘었다. GDP 대비 상품 무역 비중이 30%에서 50%로 늘었다. 이에 따라 성장률도 높아졌다. 그로 인해 국가 간 불평등은 줄어들었지만 일국 내 불평등은 커졌다. 특히 미국을 비롯한 선진국의 제조업 일자리가 사라지고, 그 일자리는 중국 등 아시아 후발 산업국으로 옮겨 갔다. 이러한 1990년대 이후 모든 글로벌 자본주의의 변화는 중국이 주도했다.

한국은 중국 바로 옆에 있던 지리적 이점을 적극 활용했다. 한국 대기업의 중국 특수와 대중 수출의 엄청난 확대로 '중진국 함정'에서 비교적 쉽게 빠져나와 2017년에 선진국의 기준인 국민소득 3만 달러를 달성했다. 중진국의 기준인 1만 달러를 1995년에 달성했으니 비교적 빠른 기간인 22년 만에 중진국에서 선진국으로 올라선 것이다. 한국경제가 2000년대 이후 '중국 특수'에 올라탈 수 있었기 때문에 가능했다.

그런데 지금 세계는 판도가 바뀌고 있다. 1991년 소련 공산주의가 붕괴된 후 세계를 지배해 온 자유주의 세계질서와 자본주의 시장경제가 흔들리고 있다. 글로벌 경제시스템도, 자유주의 세계질서도 흔들리고 있다. 이번에도 그 중심에는 중국이 있다. 이미 중국발 세계체제 변화가 시작되었다. 중국이 만들어 내는 글로벌 차원의 변화, 그 구체적인 내용은 무엇인가?

먼저 경제적 측면에서 본다면, 세계경제 성장과 세계화에 대한 중국의 위대한 기여는 과거가 되었다. 성장률이 급격하게 후퇴하고 있고, 생산가능 인구는 감소하고 고령 인구는 급격하게 증가하고 있다. '루이스 전환점'에 이미 도달했다. 즉 농촌에 남아 있는 노동력의 도시로의 이주가 더 이상 경제적으로 순이득을 제공하지 않는 단계에 봉착했다. 자본 측면에서도 중국을 세계 제조업 공급망에 연결하며 급속하게 진행된 자본 축적은 이미 중국에 접어들었다.

중국의 인구 구조 역전은 해외 유입에 의한 자본 투자를 감소시키고 있다. 기대되는 수익이 낮아졌기 때문이다. 외국 기업의 유입이 없는 상태에서 과거와 같은 기술 이전은 실현되지 않을 것이다. 이제 혁신은 중국 내에서, 그것도 상당히 큰 정도로 이루어져야 한다. 이는 버거운 도전 과제로 보인다.

정치적으로도 중국은 자유주의 세계질서를 변화시키고 있다. 탈냉전 시대에 미국의 정책 결정자들은 중국과 평화 관계를 유지하기 위한 열쇠가 냉전 시대 동안 미국이 소련을 봉쇄했던 것처럼, 중국을 봉쇄하기보다는 포용하는 것이라고 믿었다. 포용 정책은 중국을 민주화시키고 미국이 주도하는 경제질서에 통합시킬 것이며, 중국은 세계의 주요 국제기구 회원국으로 가입하게 될 거라고 생각했다.

그러나 이는 실패로 돌아갔다. 중국은 여전히 민주주의 국가가 아니며, 동아시아에서 현상 타파를 추구한다. 한편 중국에 대한 포용 정책은 중국의 경제 성장을 지원함으로써 중국이 강대국이 되는 것을 도왔으며 이는 중국이 막강한 군사력을 구축해 동아시아의 현상 변경을 추구할 수 있게 했다.

인플레이션과 노동 우위의 시대, '나쁜 평등'의 시대가 시작됐다.

찰스 굿하트는 '굿하트의 법칙'을 주창한 세계적인 경제학자다. 굿하트의 법칙이란 경제지표를 정책 목표로 삼고 규제하기 시작하는 순간, 그 지표의 통계적 규칙성은 사라진다는 법칙이다. 그가 《인구 대역전》이라는 책을 2020년 발표했는데, 당시는 코로나로 인한 팬데믹이 막 시작될 때였다. 그 책에서 굿하트는 앞으로 세상이 바뀔 것이며, 디플레이션에서 인플레이션으로, 자본 우위에서 노동 우위로, '좋은 불평등'에서 '나쁜 평등'으로 경제사회적 패러다임의 변화를 예측했다. 그리고 당시로서는 말도 안 돼 보이던 그의 예측이 불과 몇 년 만에 현실이 되었다.

먼저 세계가 디플레이션에서 인플레이션으로 바뀐다는 굿하트의 주장을 보자. 2022년 상반기에는 세계경제에서 경기 침체와 디플레이션의 우려가 높았으나, 2022년 하반기부터 인플레이션이 시작되었다. 그에 따라 미국 연준 주도의 전 세계 고금리가 시작되었음을 염두에 두면 굿 하트의 주장을 이해하기가 쉽다. 그에 따르면 노동자는 디플레이션이고, 피부양자는 인플레이션이다. 왜냐면 노동자는 대개 소비하는 것보다 더 생산하는 반면, 피부양자(노년과 유소년)는 생산하는 것보다 더 소비하기 때문이다.

소비보다 생산이 많으면 물가는 떨어지고(디플레이션), 생산보다 소비가 많으면 물가는 오른다(인플레이션)는 것이 굿하트의 주장이다. 일하는 사람이 많아지고 피부양자의 비율이 줄어들면서, 1990년대 이후 세계는 노동자의 디플레이션 효과가 피부양자의 인플레이션 효과를 압도한 디플레이션의 세계였다. 하지만 이제 세상은 바뀌었다. 앞으로 수십 년 동안은 피부양자 증가율이 노동자 증가율보다 높을 것이고, 인플레이션의 세상이

올 것이라는 것이 굿하트의 첫 번째 예측이다.

굿하트는 이런 예측의 근거를 거대한 인구를 가진 중국의 인구 변동에서 찾는다. 중국은 더 이상 세계적인 디스인플레이션의 원천이 되지 않을 것이다. 중국의 인구 변동과 루이스 전환점 통과로 인해 세계는 인플레이션 압력이 현실화되고 있다.

굿하트의 두 번째 예측은 인플레이션의 시대가 노동자의 협상력을 강화해서 노동 우위의 시대를 만들 것이라는 예측이다. 인플레이션 압력은 노동력 감소와 동전의 양면인데, 이러한 현상이 세계화의 후퇴와 이민에 대한 반대, 노동시장에 진입하는 젊은 층 감소 등의 요인과 결합되고 있다. 그렇게 되면 노동의 협상력이 증대될 것이고, 그간 노조 협상력이 약화되던 추세는 수십 년 만에 반전기로 접어들 것이다. 노동자들은 강화된 입지를 바탕으로 더 높은 임금을 요구하는 협상에 나설 것이고, 이것이 인플레이션 압력이 재발하는 경로로 다시 작용하게 될 것이라는 것이 굿하트의 주장이다.

굿하트의 세 번째 예측은, 노동 우위의 시대가 불평등 문제에도 영향을 줘 성장은 늦추지만 불평등은 완화시키는 '나쁜 평등'의 시대가 열리게 된다는 것이다. 그러한 변화가 지난 20~30년간 세계를 지배해온 높은 성장률과 높은 불평등이 함께 했던 '좋은 불평등'의 시대를 대체할 것이다. 요약하면 높은 성장률과 높은 불평등의 좋은 불평등의 시대가 낮은 성장률과 낮은 불평등의 나쁜 평등 시대로 전환된다는 것이다.

그동인은 세계화와 인구 변동으로 인한 노동 급증과 노동의 협상력 약화로 불평등이 심화되었고, 그로 인해 노동조합 가입자 수가 줄고 노동조합의 전투성이 약화되었다. 그러자 미국 등 선진국의 노동자들이 복수에 나섰다. 임금협상 테이블에서가 아니라 투표장에서다. 포퓰리스트를 찍었고, 그들에 의해 세계화가 억제됐다. 무엇보다 근본적 변화인 인구 변동의 추가 노동에 유리하게 되돌아가고 있다.

AI 등 기술의 발달로 일자리가 줄어들 것이라고 염려하는 사람들이 많다. 하지만 산업혁명 시절의 기계 파괴 운동인 러다이트부터 시작하여 그런 우려는 많았지만 현실은 그 반대였다. 기술의 발달이 많은 일자리를 줄인 것은 사실이지만 생각하지도 못한 더 많은 일자리를 만들어 냈다. 그리고 무엇보다 전 세계적인 노동 인구 감소로 노동의 협상력이 갈수록 커질 것이라고 전망한다.

돌아온 지정학의 시대
: '냉전의 귀환' 인가, '밀림의 귀환' 인가?

지금 세계 각국은 심각한 정치적 분쟁에 휩싸여 있다. 한때는 지경학geo-economics이 지정학geo-politics을 대체했다고 생각했지만, 다시 지정학이 귀환했다. 한때 시대착오적이라고 간주되었던 영토에 대한 야욕이 유럽으로 되돌아왔고, 아시아에도 돌아올 조짐을 보이고 있다. 돌아온 지정학의 시대, 그것을 추동하는 원동력 역시 앞에서 설명한 것처럼 중국이다.

여기에 더해 미국의 자유주의 세계질서 수호에 대한 의지가 의심받고 있다. 이러한 의구심은 전 세계에 확산되었고 이러한 사실만으로도 자유주의 질서를 훼손시키기에 충분했다. 미국의 세계질서 수호 의지는 두 개의 기둥이 떠받치고 있다. 하나는 미국이 제공하는 신뢰할 만한 안보보장이고 또 다른 기둥은 미국과 자유주의 세계질서에 합류한 나라들을 결속시켜 주는 자유로운 계약이다. 그러나 최근 트럼프가 그랬던 것처럼 미국은 더 이상 이런 책임을 실행하지 않겠다고 말하고 있다. 그런 의무가 미국의 이익에 반한다고 주장하고 있다.

중국의 현상 타파 추구와 미국의 세계질서 수호에 대한 의구심이 결합되면서 미중 갈등이 심화되고 있고, 그 틈으로 우크라이나와 이스라엘에서 전쟁이 발생하고 있다. 어떤 이들은 지금의 변화된 새로운 세계질서를 가리켜 '신냉전'이라고 부른다. 지난 20~30년간의 자유주의 세계질서가 과거 냉전 시절의 대결의 시대로 돌아간다는 의미다. 만일 지금의 변화를 '냉전의 귀환'이라는 프레임으로 본다면, 결국 미-소 대결이 미-중 대결로 바뀐다는 것만 다를 뿐이지 그에 따른 봉쇄전략 역시 다시 귀환할 수밖에 없다고 예측하게 된다. 그럴 경우 대한민국의 답은 한미일 동맹 강화와 한반도 냉전 시대로의 복귀가 될 것이다. 이것이 지금 윤석열 정부가 채택하고 있는 시각이다.

그러나 세상이 그렇게 단순할까? 지금의 상황을 '신냉전'이 아니라 '밀림의 귀환'으로 보는 시각도 있다. 브루킹스 연구소 선임연구위원인 로버트 케이건은 《밀림의 귀환》이라는 책에서 지금 세계에서는 '냉전의 귀환'이 아니라 '밀림의 귀환'이 벌어지고 있다고 지적한다. 1991년에 무너진 냉전이 아니라 1945년에 무너진 무질서의 밀림, 오래된 역사 '밀림의 시대'가 돌아오고 있다는 것이다. 국가들은 오래전 과거의 습관과 전통으로 돌아가고 있고, 밀림의 무질서에 어떻게 적응할 것인지가 모든 국가의 과제가 되고 있다는 이야기다.

인간은 자신이 창조한 것을 파괴하기도 한다. 우리는 역사가 어떤 목표를 향해 나아간다는 망상을 지니고 있지만 역사에는 목적이 없다. 잊고 있었던 오래전의 참혹했던 과거가 우리의 미래가 될 수도 있다. 따라서 대외정책은 절대로 이념적으로 접근해서는 안 된다. 현실을 냉정히 봐야 한다. 대외정책의 목표는 생존과 번영이다. 상인적 현실감각이 가장 살아 있어야 할 영역이 이곳이다. 그래서 모든 것을 이념적으로 접근하는 '늦깎이 뉴라이트' 윤석열 대통령과 국민의힘 정부가 무척 걱정스럽다.

민주당의 정책 기조 전환을 위한 네 가지 제안

이처럼 지금 세계는 다시 판이 바뀌고 있다. 1990년대 이후 세계를 지배했던 자유주의 세계질서, 자본주의 시장경제가 흔들리고 있다. 판이 흔들리는 주된 동력은 중국이다. 이웃나라 중국의 경제적, 외교적 변신은 우리에게 직접적인 영향을 준다. 경제·사회적으로는 인플레이션, 노동 우위, '나쁜 평등'의 시대로 전환되고 있고, 외교적으로는 지정학의 시대가 귀환했다. 그것이 냉전의 귀환인지 아니면 밀림의 귀환인지 논쟁 중이다.

이렇게 변화되는 세계에 맞춰 한국의 민주당도 정책 기조의 변화를 준비해야 한다. 2008년 이후 정책 기조로 유지해 왔던 보편적 복지국가 노선이 여전히 유효한지, 이제는 변화가 필요한지 심도 있게 검토할 필요가 있다. 한국 민주당은 좌(민족경제론)에서 시작해 중도좌(제3의 길)로 움직였고, 다시 조금 좌(보편적 복지국가)로 이동했다. 나는 지금의 상황은 다시 오른쪽으로 조금 움직여야 할 때라고 제안한다. 우리는 다시 한 번 기회주의자가 되어야만 하고 그것을 부끄럽게 생각하지 말아야 한다.

이를 위해 몇 가지 제안을 하고자 한다. 첫째는 민주당이 다양한 정책이 포괄되는 '정책의 빅 텐트'가 될 수 있어야 한다. 정책의 일관성이 필요하다면 논의라도 폭넓게 개방되어야 한다. 과거 김대중과 노무현 시대에 비해 지금의 민주당은 다소 다양성이 줄어들었다. 당내 발언도 그때에 비해 조심스러워졌다. 그때는 과도하게 내부 총질을 하는 문화가 있어서 부작용이 심했는데, 지금은 많이 달라졌다. 앞의 장에서 살펴본 것처럼 양당제에서 후보도 정책도 좀 더 유연해야 승리할 수 있다. 승리와 집권을 위해서는 환경 변화에 능동적으로 대응해야 한다.

둘째, 민주당의 기본 정책 노선은 진보적 자유주의여야 한다. 전 세계 민주주의 국가 중에서 양당제를 택하고 있는 나라들은 대체로 중도좌파 정당과 중도우파 정당이 대결하는 구도가 형성되고 있는데, 중도좌파 정당의 기본 노선은 어느 나라나 '진보적 자유주의'다. 국가의 역할을 강조하고, 평등을 중요한 가치로 추구하지만 기본적으로 자유주의를 근간으로 하고 있다. 롤스가 《정의론》에서 체계적으로 정리한 진보적 자유주의는 여전히 유효하다.

셋째, 절대로 대외정책을 이념적으로 접근해서는 안 된다. 특정 국가에 과도하게 올인해서도 안 된다. 미국 신문 《유에스 뉴스 앤드 월드 리포트》는 2022년 세계 각국의 국력을 평가하면서 한국을 6위에 올렸다. 경제력과 군사력을 비롯한 다양한 기준의 평가에서 한국은 엄청나게 도약했다. 이렇게 세계에서 막강한 국력을 가진 대한민국이지만 주변 4대 강국에 비교하면 약소국이다. 세계 6대 강국이어도 한반도 주변에서는 약소국이 되는 역설, 이것이 한국의 운명이다. 국가의 지리적 위치는 운명이고, 한국은 참으로 험난한 운명을 타고 났다.

그런데 윤석열 정부의 외교정책은 너무 이념형 접근이다. 대외정책이 국가 정체성 논쟁과 연결되면서 여야 간 정치 내전의 소재가 되고 있다. 심각한 상황이다. 돌아온 지정학의 시대일수록 불확실성이 확대되고 밀림이 귀환할수록 현실적이고 유연하게 대응해야 한다. 과거 김대중 전 대통령은 주변 4대 강국 중에 어느 한 나라와도 척을 지면 우리에게 해를 끼칠 수 있다면서 포용적 중립 외교의 중요성을 강조했다. 미국을 가리켜 '어쩔 수 없는 우리의 운명'이라고 했고, 일본을 가리켜 '옮길 수 없는 영원한 이웃'이라고 했다. 김대중은 한국을 도랑에 든 소와 같다고 비유하면서 미국과 일본의 풀도 뜯어먹고, 중국과 러시아의 풀도 뜯어먹을 수 있도록 4대 강국들과 두루 잘 지내야 한다고 말했다.

넷째, 경제와 민생에 더욱더 관심을 기울이고 집중해야 한다. 지금 한국 경제는 총체적 어려움에 처해 있고, 그로 인해 국민적 고통이 갈수록 심해지고 있다. 한마디로 지금 한국경제는 복합위기 상황이다. 지난 30년간 성장 동력이었던 중국 시장이 닫혀가고 있고, 우크라이나와 이스라엘 전쟁으로 인한 비용 상승 인플레이션이 계속되고 있다. 찰스 굿하트의 예측이 맞을지는 모르겠지만 그는 앞으로 인플레이션이 기본이 되는 세상이 될 것이라고 예측했다. 그렇다면 현재와 같은 고금리의 지속, 수출 부진, 소비 침체는 계속될 수밖에 없을 것이다.

따라서 민주당은 전 세계적인 경제 패러다임의 변화를 염두에 두고 그에 대한 선제적인 대비를 할 필요가 있다. 불평등 완화를 위한 포용 정책을 유지하면서 계층 사다리를 통한 역동성 회복과 산업의 경쟁력 강화를 위한 정책을 함께 펼쳐야 한다. 이를 위해 정책적 사고의 폭을 확장할 필요가 있다. 인플레이션이 경제의 기조가 되는 상황이 계속된다면, 케인스 식의 수요확대 정책뿐만 아니라 슘페터 식의 공급 혁신 정책도 적극 추진해야 할 것이다.

혁신과 변화를 위해서는 우리 사회 곳곳에 숨어 있는 여러 가지 금기들을 하나씩 혁파해 내는 것도 중요하다. 김동연 경기도지사는 《대한민국 금기 깨기》라는 책에서 더 많은 기회와 더 고른 기회를 만들기 위해서는 대한민국 경제의 발목을 잡고 있는 말뚝을 뽑아내는 일이 가장 중요하다고 강조한다. 그러면서 그는 추격경제 금기, 세습경제 금기, 거품경제금기를 깨는 것이 필요하다고 역설한다.

9장

한계를 넘어야 진정한 정치다

●

"정의? 대한민국에 그런 달달한 것이 남아 있긴 한가?"

영화 〈내부자들〉에서 이병헌이 연기한 안상구가 한 말이다. 우리는 드디어 이 책의 마지막 장에 이르렀다. 여기까지 오신 독자분들에게 감사드리며, 안상구의 대사로 마지막 장을 시작한다.

나는 이 책을 쓰면서 "가장 현실적인 것이 가장 진실에 가깝다"는 문제의식으로 출발했다. 도덕적 접근이나 이상적인 접근은 개나 줘 버리자는 심정으로 정치에 접근했다. '상인적 현실감각'을 극한까지 밀고 가야한다는 생각으로 문제에 접근했다.

그러다 보니 이 책의 마지막에 와서 우리는 이런 의문이 든다. 과연 지금 정치에 희망이 있기는 한가? 한국뿐만 아니라 전 세계가 정치 내전에 고통받고 있는데, 이런 시대에 희망을 이야기하는 것은 사치가 아닐까? 안상구의 대사를 패러디한다면 이렇게 될 것이다.

"희망? 지금 이 시대에 그런 달달한 것이 남아 있긴 한가?"

희망? 이 시대에 그런 달달한 게 남아 있긴 한가?

왜 지금 이 시대는 희망을 갖기가 힘든 시대가 되었나? 불확실성이 높아졌기 때문이다. 지난 30~40년 간 세계를 지배해 온 자유주의 세계 체제는 무너졌는데, 대안은 보이지 않는다. 그동안 자유주의 세계 체제는 세계화된 자본주의 경제체제와 일국 차원에서의 자유민주주의 전성시대라는 삼위일체의 시스템을 만들었고, 승승장구했다. 그런데 지금 그 삼위일체가 무너지면서 세상에 위기를 쏟아내고 있다.

오랜 시간 전쟁이 없던 세계에서 갑자기 러시아-우크라이나 전쟁과 이스라엘-하마스 전쟁이 일어난 것은 자유주의 세계 체제의 붕괴를 대변한다. 미-중 무역 갈등으로 세계가 다시 둘로 나눠지는 것은 세계화된 자본주의 경제체제의 위기를 증명한다. 그리고 자유민주주의의 위기는 지금 전 세계적인 정치 내전으로 분출되고 있다. 정치 내전은 한국뿐 아니라 전 세계적인 현상이다. 이런 상황에서 우리는 과연 희망을 이야기할 수 있을까?

그러나 이 책 전체를 통해서 내가 역설한 바는 인류 역사 전체를 보면, 지난 30~40년, 길게 봐서 지난 70여 년은 뉴노멀new normal이라기보다 상궤를 벗어난 시기였다는 것이다. 공격적이고 야욕으로 충만한 강대국들이 구축한 2차 세계대전 이전의 세계, 갈등이 끊이지 않고 높은 무역 장벽과 독재가 만연했던 세계가 역사의 뒤안길로 사라졌다고 오해해서는 안 된다. 그 과거는 우리의 미래일 수도 있다. 그런데도 지금 우리는 희망을 이야기할 수 있을까?

나는 이 책에서 그동안 우리가 가지고 있던 정치적 상식 내지 보편적 정치철학을 전복해 보고자 했다. 그것은 인간의 본성에 대한 최근의 진화생물학과 인류학의 연구 성과를 통해서 가능했다. 현재 인류를 지배하고 있는 주류 사회과학의 근간인 자유주의, 인간은 근본적으로 개별적 존재라는 이론은 틀렸다. 인간은 근본적으로 사회적 존재요, 집단적 존재이며, 이타적 존재였다.

그리고 그 집단성과 이타성은 배타적 집단성이고, 배타적 이타성이었다. 한마디로 표현하면 부족주의라고 할 만한 것이었다. 그리고 전 세계 역사에서 정치적 발전을 고찰해 보면 가장 강력한 정치체제는 부족주의 정치체제였다. 그 비효율적인 정치체제는 끈질기게 오래 살아남아서 인류 발전의 발목을 잡았다. 그리고 지금 세계는 또 다시 그 부족주의의 부활을 목도하고 있다.

그렇다. 지금 우리가 진입하는 세상, 부족주의 정치체제 내지 밀림의 귀환은 어쩌면 인간의 본성에 더 가까운 세상인지도 모른다. 인류가 지구상에 등장한 이후 거의 모든 시대, 거의 모든 지역에서 인류는 그렇게 살아왔다. 오직 한 시기 18세기 이후 유럽의 개신교 지역에서 개인적 존재로서의 인간이 발명되었고, 그것이 기반이 되어서, 현재 인류를 지배하고 있는 주류 이론인 자유주의가 탄생했던 것이다.

하지만 인간의 본성은 바뀌지 않았다. 부족주의는 어쩌면 인간의 본성에 가장 맞는 사고체계인지도 모른다. 그리고 그것은 인류가 지구상에서 사라질 때까지 함께해야 하는 인간의 본성이다.

지지자 결집, 국민통합, 정책 성공 : 정치의 3대 목표는 어떻게 실현될 수 있나?

여러 번 강조했지만 인간은 모순적 존재다. 그러나 아무리 배타적 집단성이 본성이라 해도 개인으로서의 자기 성취와 자유의지는 인간에게는 최고의 이상일 수밖에 없다. 그것은 결코 막을 수 없다. 인류가 기적적으로 '개인'을 발명한 이후 인류의 삶은 그 이전과는 완전히 다른 삶이 되었다. 그렇게 인간은 집단적인 동시에 개별적인 모순적 존재다. 전혀 다른 성향을 함께 가지고 있는 것이 인간이다.

그런 인간들이 하는 정치도 당연히 모순적일 수밖에 없다.

오히려 나는 인간 존재의 모순성이야말로 정치가 존재하는 이유라고 여러 번 강조했다. 인간은 완벽하지 않고, 완벽할 수도 없다. 개인으로서도 그러한데, 집단으로서의 인간은 더더욱 완벽할 수 없다. 인간이 그토록 모순적인 존재이기 때문에 정치도 모순적일 수밖에 없지만, 바로 그런 이유에서 정치가 존재할 필요가 있다고 나는 생각한다.

이런 인간의 모순성을 하나의 철학체계에서 통합적으로 체계화하려는 거대한 시도를 한 정치철학자가 있었으니, 앞서 여러 번 언급한 존 롤스다. 그는 《정의론》에서 사회계약론을 그 바탕으로 자유주의 원리와 민주주의 원리, 복지국가의 원리를 통합적으로 체계화했다. 롤스의 철학에서 인간은 개별적 존재로서 전제되며, 자유주의-민주주의-복지국가 순서로 중요성이 자리매김된다. 그는 서로 모순되는 세 가지 가치를 축차적 우선성 즉 확고한 우선성이라는 개념으로 통합했다.

나는 8장에서 정치의 세 가지 문법을 제시했다. 그것은 지지자 결집, 중도 포용, 기회주의였다. 이는 사실 지지자 결집, 국민통합, 정책 성공이라는 민주주의 정치가 추구하는 3대 목표에 해당했다. 우리는 지금 민주주의 체제에 살고 있고, 민주주의는 정당정치 이상의 시스템을 만들지 못했다. 정당정치에 기반을 둔 민주주의에서 이는 어느 하나도 버릴 수 없는 정치의 세 가지 목표이다.

나는 이 세 목표의 관계를 롤스가 《정의론》에서 사용한 축차적 우선성의 개념으로 통합했다. 다만 개별성에서 집단성으로 나아간 롤스의 3원칙과 달리, 이 세 가지는 집단성에서 개별성으로 나아간다고 했다.

그것이 바로 정치의 근본적 어려움이라고 할 수 있다. 왜냐면 축차적 우선성으로 인해 두 번째 단계로 넘어가지 못하고, 첫 번째 단계인 지지자 결집에 머무를 수 있기 때문이다. 하지만 현실에서 당장 대통령 선거와 국회의원 선거를 치를 때, 여론조사 결과를 직면하면 중도 포용을 하지 않으면 선거에서 질 수밖에 없다는 것이 너무도 명확해진다. 그것은 정책의 성공을 위해서도 마찬가지다. 정책의 성공을 위해서는 지지자 결집을 일정하게 이완시키지 않을 도리가 없는 것이다.

그렇기 때문에 나는 지금의 대한민국 정치 시스템은 제대로 작동만 된다면 부족주의의 위험성을 넘을 수 있다고 생각한다. 대한민국이 지금처럼 성공하고, 선진국으로의 진입이 가능했던 것은 그러한 시스템이 제대로 작동했기 때문이다.

그런 점에서 5년 단임 대통령제는 나름의 장점이 있다. 4년 중임제와 달리, 지지자 결집 → 국민통합(중도 포용) → 정책 성공(기회주의)의 3단계 과제에서, 앞의 과제를 달성하면 다음 과제에 집중할 수 있기 때문이다.

법칙과 문법,
한계를 뛰어넘어야 진정한 정치다

희망을 묻는 물음에 대한민국 정치 시스템이 제대로 작동만 된다면 희망이 있다고 말하는 것은 뭔가 부족한 답변이 될 것이다. 그렇다. 정치에서 희망의 근거는 시스템의 영역이 아니다. 희망의 근거는 더 중요한 무엇에 있다. 그것은 결국은 정치 지도자와 국민들의 영역이고, 그들의 역량과 시민의식의 문제다.

그런 점에서 '정치의 네 가지 문법' 중에서 네 번째이자 가장 중요한 문법으로 "법칙과 문법, 그 한계를 뛰어넘어야 진정한 정치다"라는 화두를 던지고자 한다. 정치가 그 자체로서 의미를 가지는 이유는 그것이 어떤 한계도 뛰어넘을 수 있기 때문이다. 왜냐면 정치란 인간의 자유의지를 집단화해서 발현하는 것이기 때문이다. 인간은 대화와 타협을 통해, 상대와의 조정을 통해 모든 한계를 뛰어넘을 수 있다.

지지자 결집, 중도 포용, 정책 성공 등 앞의 세 가지 문법이 아무리 금과옥조라고 해도 필요하다면 그것을 뛰어넘어야 한다. 그것이 정치이고, 정치가 인류 역사에서 영원히 가치를 갖고 있는 근본적 이유이다. "기적은 결코 기적처럼 오지 않는다"는 말이 있다. 모든 한계를 뛰어넘어 인간의 자유의지로 기적을 만들 수 있는 힘, 그것이 정치의 존재 이유이고, 기적은 그것이 가능할 때, 자연스럽게 일어난다.

버나드 크릭의 《정치를 옹호함》이라는 책의 마지막 부분에 나오는 다음의 문장은 '한계를 뛰어넘어야 진정한 정치'라는 이 책의 결론을 다른 방식으로 잘 표현한 글이기에 인용한다.

> 정치에 보낼 수 있는 찬사에는 한이 없다. 정치에는 존재하지만 경제에서 발견할 수 없는 것은 상대와의 창조적 대화다. 정치는 자유로운 문명이 의지하는 대담한 신중함, 다양한 통합성, 무장된 유화책, 자연적인 인공물, 창의적인 타협이자 진지한 게임이기 때문이다. 정치인은 개혁하는 보수주의자이며, 회의하는 신자이고, 다원적인 도덕주의자다. 정치는 활기 넘치는 냉철함, 복잡한 단순성, 난잡한 고상함, 거친 정중함, 그리고 장구한 신속성을 지녔다. 그것은 대화로 귀결되는 갈등이며, 우리에게 인간적인 차원에서 인도적인 과제를 부여한다.(268쪽)

정치의 존재 이유 : 인간이 완벽하지 않기 때문

정치가 여러 가지 주어진 한계를 뛰어넘어 창조적인 미래를 열어 내기 위해서는 무엇보다 필요한 것이 있다. 그것은 인간은 결코 완벽하지 않다는 것을 깨닫는 일이다. 정치가 필요한 이유, 그 누구에게도 무제한의 권력을 부여해서는 안 되는 이유가 여기에 있다. 대화와 타협, 조정으로서의 정치, 자유로운 인간의 공적 행위로서의 정치가 존재하는 이유 역시 인간이 결코 완벽하지 않기 때문이다.

우리는 이 점을 분명히 깨달아야 한다. 그래야만 한계를 넘는 정치, 대화와 타협, 조정으로서의 정치가 가능할 수 있다. 자신은 완벽하고, 상대는 틀렸다고 생각한다면, 진정한 의미의 정치는 존재하기 어렵다. 정치인들도 그리고 시민들도 자신의 정치적 사고가 완벽하지 않을 수 있다는 생각을 가질 필요가 있다. 과도한 확신의 정치는 정치를 전쟁으로 만들 수 있다.

마이클 린치 코네티컷대학교 교수는《우리는 맞고 너희는 틀렸다》라는 책에서 이 점을 강조한다. 정치인들도 시민들도 스스로가 완벽하지 않고, 틀릴 수 있다는 '지적 겸손함' 내지 '정치적 상대주의'를 가져야 한다고 그는 강조한다. '우리는 맞고, 너희는 틀렸다'고 너무 심하게 생각하게 되면, 민주주의는 위기에 처하고, 정치는 설 자리가 없어진다는 것이다.

린치는 자신의 생각이 다른 사람들의 경험과 새로운 증거를 통해 향상될 수 있다고 인정해야 한다고 주장한다. "당신의 신념이 진짜 진실인지 스스로 자문해 보라. 그러면 데카르트와 몽테뉴가 모두 그랬듯 무언가를 믿는다는 것이 극도로 어려운 일임을 알게 될 것이다"라며 지적 겸손의 중요성을 강조한다.

린치에 따르면, 객관적인 진실 개념을 파악하기 위해서는 두 가지 지점만 이해하면 된다. 첫째, 믿는다고 진실이 되지 않는다는 것. 둘째, 세상에는 당신은 꿈꾸는 것보다 더 많은 것이 있다는 것을 것. 이러한 생각들을 종합하면 다음과 같은 결론에 도달하게 된다. 무언가를 믿는다는 것이 그것이 사실이라는 의미는 아니다. 이것이 '지적 겸손함'의 본질이다. 우리가 무엇을 모르는지를 인정하고 다른 사람들이 아는 것에 대해 개방적인 태도를 유지할 때, 우리는 민주주의가 요구하는 동료 시민에 대한 기본적인 존중을 실천할 수 있다.

과도한 확신의 정치는 정치를 전쟁터로 만든다

하지만 우리는 인간 존재 자체는 완벽하지 않지만 인간의 지식은 완벽하지 않을까 하는 생각을 할 수도 있다. 그러나 과연 인간은 실재를 우리가 자신하는 만큼 정확히 알 수 있을까? 이에 대해 근본적인 질문을 하는 과학철학자가 있다. 장하석 케임브리지대학교 교수다. 그는 《장하석의 과학, 철학을 만나다》라는 책에서 실제 건물과 물에 비친 건물 그림자를 뒤집어 놓고는 이론과 실재의 관계는 그렇게 거꾸로 봐야 한다고 제안한다.

우리가 가지고 있는 실재와 이론의 관계에 대한 선입관은 실재가 실제의 건물이라면 이론은 물에 비친 그림자라는 것이다. 실재는 분명하고 명쾌하지만, 이론은 흐릿하고 애매해서 이론을 더욱 발전시켜서 실재에 비슷해져야 한다고 생각한다. 하지만 장하석은 그렇지 않다고 말한다. 오히려 실재가 물에 비친 그림자처럼 흐릿하고, 간결하지 못하고, 무질서한 반면, 이론은 실재의 건물처럼 명확하고, 깨끗하고, 간결하고, 질서정연하다는 것이다. 한마디로 이론이 실재보다 더 실재처럼 보인다는 것이다.

왜 그럴까? 이론은 인간이 만들었기 때문에 분명할 수밖에 없다. 그러나 실재는 우리 인간이 아직 완전히 이해하지 못했기 때문에 흐릿할 수밖에 없다는 것이다. 장하석은 이론의 단순하고 분명한 특성이 우리 인간이 복잡한 실재를 이해할 수 있도록 도움을 주지만, 실재는 이론처럼 그렇게 단순하지 않다고 말한다. 오히려 진실은 굉장히 복잡하고, 조건에 따라서 수시로 달라진다는 것이다. 이론은 그 단순함으로 인해 현실을 설명을 해줄 뿐이지 진실을 밝히는 것과는 별개의 문제라고 장하석은 강조한다.

장하석은 과학철학자다. 그가 말하는 실재는 자연이다. 너무도 명쾌하고 분명한 것처럼 보이는 자연조차 굉장히 복잡하고, 조건에 따라서 수시로 달라진다. 자연과학이 그럴 진데 인간을 연구하는 인문과학과 사회과학은 말할 필요도 없을 것이다. 더구나 불확실성 그 자체인 정치는 더더욱 그러할 것이다.

장하석이 말하는 이론의 뚜렷함과 실재의 흐릿함은 지지자 결집, 국민통합, 정책 성공이라는 정치의 3대 목표에도 적용될 수 있다. 지지자 결집을 위해서는 적을 분명히 해야 하고, 그러려면 명쾌하고 뚜렷해야 한다. 그러나 현실은 안타깝게도 흐릿하고, 애매하다. 생각처럼 간결하지도 않고, 무질서하다. 중도 포용을 위해서는 그리고 정책의 성공을 위해서는 이런 현실을 정확히 볼 줄 알아야 한다. 현실은 굉장히 복잡하고 조건에 따라서 수시로 달라진다는 것을 염두에 두어야 한다.

장하석 교수가 말하는 실재와 이론의 관계는 마이클 린치 교수가 강조하는 지적 겸손함과 일맥상통한다. 우리의 생각이 명확하면 할수록 그 생각은 오히려 실재와 다를 가능성이 더 높다는 점을 우리는 항상 염두에 둬야 한다. 데카르트와 몽테뉴가 그랬듯이 우리는 회의주의적 태도를 가져야 하고, 특히 '정치적 상대주의'적 태도를 일부러라도 가질 필요가 있다. 인간이 완벽한 존재가 아니고, 인간의 지식이 완벽하지 않을 수 있다는 것을 깨닫고 인정하는 것, 그것이 정치 내전을 넘어설 수 있는 가장 중요한 디딤돌이다.

민주주의를 지나치게 강조하면 정치가 사라진다

정치에 대한 상대주의적 접근은 민주주의에 대해서도 마찬가지여야 한다. 버나드 크릭은 민주주의의 핵심 사상인 인민 주권의 신조가 지나치게 진지하게 받아들여지면 위험하다고 말한다. 만일 인민 주권 신조가 지나치게 강조된다면, 전체주의로 나아가게 될 수도 있다는 것이다. 그것은 그 어떤 피난처도, 어떤 반대 주장도, 심지어 사적인 무관심조차도 허용하지 않을 것이기 때문이다.

로베스피에르는 "애국지란 공화국을 전체로서 지지하는 사람이다. 세부 사항을 다투는 자는 반역자다. 인민과 여러분들(국민공회)을 존중하지 않는 행위들은 모두 범죄다"라며 민주주의의 이름으로 무시무시한 발언을 했다. 또한 "공포 정치란 신속하고 단호하며 가차 없는 정의요, 덕의 발현이다. 그것은 국가 전체에 강력하게 적용되어야 할 민주주의의 일반 원칙의 결과다"라는 무서운 말도 했다.

이처럼 개인의 자유가 억압되는 민주주의는 자칫 전체주의로 전락하고, 그런 세상에서는 정치도 사라지고 만다. 이에 대해 크릭은 민주주의란 정치의 한 요소일 뿐이며, 만약 민주주의가 정치의 모든 것이 되고자 한다면, 그것은 곧 정치를 파괴하고 말 것이라고 말한다. 그것은 조화를 일치로, 화음을 단음으로 바꾸고 말 것이기 때문이다.

따라서 진정한 정치는 모든 것을 정치적 용어로 변환시키려 하지 않는다. 모든 사회적 관계를 정치화하려고 했던 마르크스주의자들의 시도는 실제로는 정치를 말살하려는 시도였다. 정치란 제한적인 목적에만 관련되어 있기 때문이다. 예를 들어, 예술이 정치화 되면 그것은 더 이상 예술이 아니다. 사랑이 정치화 되면 그것은 더 이상 사랑이 아니다.

민주주의 가치와 그 위험성에 대해서 심도 있게 탐구한 알렉시스 토크빌은 《미국의 민주주의》에서 '민주적 전제정'이라는 형용모순적인 표현을 쓰면서, 민주주의를 우려하는 이유를 제시한다. 그는 평등에 대한 지나친 열망이 '자유롭지 않은 민주주의 사회'를 초래하고, 민주주의의 이름으로 전제정치를 불러들일 수 있다고 본다. 개인의 자유와 균형을 유지하는 것이 중요한데, 미망과도 같은 과도한 평등 추구는 이를 해치고 자유를 제한할 수 있다고 우려한 것이다.

그는 민주주의 체제가 저항할 수 없을 정도로 막강하다는 것을 가장 염려한다. 개인은 점점 종속적이고 허약해지는데, 국가는 갈수록 활력이 넘치고 더욱 강해진다는 것이다. 사람들은 민주주의 사회에서 극단적인 자유가 범람할까 봐 걱정한다. 그러나 토크빌은 민주적 폭정이 등장하면 그에 대항할 수 있는 방파제가 없는 것이 더 위험하다고 강조한다. 민주주의 시대에 역설적으로 전제정치의 대두를 더욱 우려해야 한다는 것이 토크빌의 주장이다.

갈등과 조정의 정치
: 내전에서 정치를 구하라!

이 책의 제목은 '정치 내전: 민주주의를 구하라!'다. 하지만 이 책에서 우리가 공유하고 있는 정치의 개념, 특히 버나드 크릭의 정치 개념을 적용해서 보면, 지금 전 세계를 휩쓸고 있는 정치 내전의 원인은, 단순하게 표현하자면, 정치가 사라졌기 때문이다. '잘 듣고, 잘 달래고, 조정해서 타협'하는 의미에서의 정치가 사라졌기에 정치 내전이 발생한 것이다.

그런 점에서 정치가 살아나야 정치 내전이 끝날 수 있다는 역설적 표현이 가능할 수 있다. 그래서 '정치 내전: 민주주의를 구하라'라는 이 책의 제목은 크릭의 정의대로 표현하자면 '정치 내전: 정치를 구하라!'가 될 수 있을 것이다.

우리는 갈등과 조정이 공존할 수 없는 상극처럼 생각하기 쉽다. 하지만 둘은 서로를 전제하고 있다는 점에서 오히려 정치의 두 측면인 동시에 민주주의 체제를 이끄는 원동력이라고 할 수 있다. 우리는 이 점을 갈등을 강조하는 E. E. 샤츠슈나이더와 조정과 통합을 강조하는 버나드 크릭의 이론을 통해서 살펴볼 수 있다.

샤츠슈나이더는 사회적 갈등이 민주주의의 엔진이라고 말한다. 민주주의는 갈등 때문에 불러들여진 정치체제이고, 갈등이 없다면 민주주의가 존재해야 할 이유가 없다고 한다. 나아가 갈등을 사회화하는 것이 민주주의를 발전시키는 길이라고 주장한다. 갈등을 사회화해 최대한 많은 사람들이 갈등에 관여하게 할수록 하층 계급에 유리하고, 갈등을 사사로운 일로 치환할수록 상층 계급에게 유리하다는 것이다.

민주주의가 갈등에 기반을 둔 정치체제인 만큼, 민주주의 시스템에서는 갈등을 대변할 때만 사회적 통합 과정에서 나름의 역할을 할 수 있다. 민주주의가 정당정치인 이유는 갈등을 통해 개별 정당이 국민의 각 부분을 대변하고 그럼으로써 사회적 통합을 이루어내며, 그 과정에서 국민들이 국가권력을 지배할 수 있기 때문이다.

사회적 갈등이 민주주의의 엔진이라는 샤츠슈나이더의 주장은 정치를 '잘 듣고, 잘 달래고, 조정해서 타협하는 것'이라고 정의하는 버나드 크릭의 주장과 대비되는 것 같다. 하지만 둘의 주장은 강조하는 측면만 다를 뿐 본질적으로 같다. 왜냐면 둘 다 모든 종류의 강압적 수단을 최대한 피하면서 이성적으로 또는 감성적으로 상대와의 대화를 통해 문제를 해결하려는 것을 지향하기 때문이다.

따라서 샤츠슈나이더도 크릭도 단일교리 또는 전체주의를 경계한다. 단일한 정치적 교리나 신조는 정치와 양립될 수 없다. 그런 교리나 신조가 지배하는 전체주의, 폭압체제에서는 절대로 정치가 존재할 수 없다. 정치란 타협과 조정 그 자체인데, 전체주의나 폭압체제에서는 타협과 조정이 없기 때문이다. 조정이 함께 하는 정치 시스템으로, 갈등이 상대를 죽이려 드는 것이 아니라 조정 가능한 수준으로 관리될 때, 정치 내전이 극복되고 민주주의도 정치도 구할 수 있을 것이다.

왜 시민들이 정치를 알고 정치에 참여해야 할까?

끝으로 왜 시민들이 정치를 알고, 또 참여해야 하는지 말씀드리면서 이 책을 마무리하고자 한다. 그것은 정치란 인간의 삶에서 무시하고 버리기에는 너무도 중요하고, 영향력도 크고, 또 알면 알수록 크게 도움되고, 참여하면 재미 있는 분야이기 때문이다.

정치를 알고 정치에 참여하면 경제적으로 크게 도움이 된다. 이는 분명한 사실이며, 부자일수록 그리고 보수세력일수록 정치 참여의 경제적 가치를 잘 이해하고 있는 것 같다. 다만 정치 참여의 가치를 이렇게 한정적으로만 이해하면 뭔가 부족하다. 왜냐하면 정치에서 후보자를 판매자로, 투표자를 소비자로, 정책을 상품으로 비유하는 사고다. 이런 사고에서는 투표자는 손익계산을 근거로 투표권을 행사하는 것으로 전제된다. 고전경제학의 '경제적 인간', 즉 이기적인 동시에 합리적인 존재로서의 경제적 인간 개념이 원용되는 것이다. 이런 사고도 나름의 의미가 있지만 정치의 중요성을 제대로 설명하지는 못한다.

정치의 가치를 더욱 분명히 알려주는 사람은 아리스토텔레스다. 그는 "인간은 정치적 존재"라면서 인간은 당시 도시국가인 폴리스 안에서 정치적 활동을 해야만 인간으로서의 가치를 실현할 수 있다고 말했다. 그는 정치에 참여하지 않는다면 신이 아닌 바에야 짐승과 다를 바 없다고까지 말했다. '공적인 삶으로서의 정치'란 단순히 기능적인 의미의 정치가 아니라 '좋은 삶'을 영위할 수 있게 도와주는 정치다. 좀 더 본질적 차원의 정치라고 할 수도 있다.

나는 시민들이 정치를 잘 알고 참여하는 것이 경제적으로 이득이 되기도 하지만 무엇보다 자기가 함께 하는 공동체, 사회, 국가를 자신이 참여해서 이끌어간다는 점에서 삶에 의미를 주고 '좋은 삶'을 가능하게 한다고 생각한다. 그런 점에서 정치는 시민들 삶의 한 요소가 되어야 한다고 생각한다. 참여는 모든 시민의 권리인 동시에 의무이며, 정치 참여 과정에서 모든 시민들이 공적인 영역을 공유하고, 공적인 삶을 향유하게 된다면, 사람들이 나라와 일체감을 느끼고 법의 지배를 자유와 동일시하게 될 것이다.

그래서 우리 대한민국 국민들이 정치를 자기 삶의 일부로 여기며 살고 있는 점은 대단히 엄청난 의미가 있다고 생각한다. 우리 국민들은 누구나 정치에 대해 의견을 거리낌 없이 말한다. 권력을 무서워하지 않는다. 권력이 조금이라도 오만해지면 가차 없이 심판한다. 우리 국민들이 이미 정치를 삶의 일부로 여기면서 향유하고 있다면, 조금 더 알면 더 재미있기도 하고 또 삶의 의미도 더욱 높아지지 않을까?

그래서 나는 이 책을 가능하면 객관적이고, 중립적으로 써서 독자들에게 도움이 되는 책을 만들고 싶었다. 정치를 있는 그대로 이해하는 데 도움이 되고 싶었다. 모든 시민들에게 살아가는 데 큰 힘이 되게 하고 싶었다. 누구에게나 도움이 되고, 삶에 힘을 주고, 무기가 될 수 있는 쉬우면서도 수준 있는 정치 교양서를 쓰고 싶었다. 부족하지만 조금이라도 도움이 되면 좋겠다.

후기

“질문을 했으면, 답변을 들어야지.”

“왜 남 질의하는 데 끼는 거야?”

“증인이 무슨 죄인이야? 경찰이 죄인 다루듯 해.”

“얻다 대고 삿대질이야!! 손 안 치워?!”

“잠시만요! 잠시 조용해주시고요.”

“얻다 대고 삿대질이야! 얻다 대고?”

“그러는 너는 얻다 대고 삿대질이야?”

“거기다 대고 한다!”

“윤핵관!”

“감사 중지, 10분간 감사 중지하겠습니다.”

㈜공영홈쇼핑의 상임감사로 일하면서 세 번째 국정감사 참석이었는데, 예상치 못한 사달이 나고 말았다. 2023년 10월 20일 중소벤처기업부 산하 11개 공공기관에 대한 국정감사 자리였다. 국민의힘 이철규 의원이 나를 증인석에 세우고는 이재명 대통령 후보 특보 경력에 대해 질의했다. 그런데 답변 기회도 주지 않고 일방적으로 '예, 아니오'로만 답하라고 했다. 그래서 내가 답변을 하겠다고 하니 답변을 막았다. 보다 못한 민주당 의원이 상황에 개입했고, 10시 40분에 정회된 국정감사는 '윤핵관' 발언에 대한 사과를 두고 서로 대립하는 바람에 오후 2시 30분에야 속개됐다. 그리고 나는 국정감사장에서 퇴장당했다.

이재명이라는 이름만 들어도 경기를 일으키는 사람들이 국민의힘 국회의원들이니, 그런 사람들에게 내가 지난 대선 때 이재명 후보의 중소기업벤처 특별보좌관을 한 것은 도저히 용서가 되지 않는 일인지도 모르겠다. 하지만 내가 이재명 후보의 중기벤처특보 임명장을 받은 것은 법적으로도, 사규 상으로도 아무런 문제가 되지 않는다. 흔히 모든 공공기관을 정부와 동일시하고, 모든 공공기관의 임직원을 공무원으로 보는데 공무원과 공공기관 임직원은 법적으로 신분이 다르다. 따라서 ㈜공영홈쇼핑의 임직원은 선거운동과 정당 활동에 아무런 제한이 없다.

2018년 헌법재판소는 정부의 지분이 50% 이상인 공공기관(공기업, 준정부기관)의 직원에게 선거운동을 금지한 공직선거법에 위헌 판결을 내렸다. 정치 참여는 국민의 기본권인데 공무원도 아닌 공기업 직원의 선거운동까지 금지한 것은 과도한 기본권 제한이라고 본 것이다. 그래서 선거법이 개정되었고, 지금은 정부 지분이 50% 이상인 공공기관의 임원만 선거운동과 정당 활동을 제한받는다.

㈜공영홈쇼핑은 정부 지분이 전혀 없을 뿐만 아니라 정부로부터의 예산 지원도 전혀 없고 자체 사업수익으로 운영된다. 대한민국 법률은 이 정도의 공공기관 임직원에게는 이미 오래전부터 선거운동과 정치 참여를 보장하고 있다. 대선후보 특보가 과연 선거운동에 해당되는지도 불명확하지만, 설사 선거운동에 해당된다고 하더라도 그것은 현행법 어디에도 저촉되거나 위배되지 않는다.

민주주의라는 정치체제는 국민의 폭넓은 정치 참여가 보장되어야만 제대로 작동되는 정치체제다. 공무원이야 국가 예산을 다루고 법률을 집행하는 만큼 정치 참여를 제한할 필요가 있다. 하지만 정치 참여의 자유를 과도하게 제한해 모든 공공기관 임직원에게 정치적 중립의 의무를 부과한다면, 이는 헌법재판소의 결정처럼 국민의 권리를 과도하게 제한하는 것이다. 정치적 중립을 내세워 합법적인 정치 참여를 과도하게 제한하는 것은 그야말로 독재적 사고 아닌가?

그랬기에 나는 당당하게 답변했고, 이철규 의원이 내 답변을 막자 답변 기회를 달라고 했던 것이다. 하지만 나는 답변 기회를 얻지 못하고 퇴장당하고 말았다. 내가 퇴장당한 뒤로도 국정감사에서는 나에 대한 공격적 질의가 쏟아졌다.

그들의 무차별적이고 인신공격적인 질의를 나는 도무지 이해할 수 없었다. 대선 캠프에서 특보라는 자리가 어떤 자리인지를 국민의힘 국회의원들이 모를 리가 없을 텐데, 나를 엄청난 거물로 만들어 주는 질의를 계속하는 것이었다. 아마도 이재명이라는 이름이 그들의 이성과 판단력을 마비시켰거나, 아니면 내가 여권 최고 실세인 이철규를 모욕했다고 간주하고는 자기들끼리 충성경쟁을 펼쳤는지도 모르겠다. 하여간 도무지 이해할 수 없는 일들이 국정감사 자리에서 하루 종일 펼쳐졌다.

그러나 그것은 시작에 불과했다. 국민의힘 의원들과 중소벤처기업부를 비롯한 여러 곳에서 나의 모든 것을 샅샅이 파헤쳤다. 국민의힘 의원들은 하루가 멀다 하고 나를 공격하는 보도 자료를 냈고, 보수 시민단체는 나를 선거법 위반 혐의로 검찰에 고발했다.

계속되는 그들의 무지막지한 공격에는 어떤 광기마저 느껴졌다. 몸서리가 쳐질 정도였다. 나는 당당하다고 자신했는데, 없는 죄도 만들 수 있는 것이 무단 통치, 검찰 정권의 힘이라는 것을 새삼 깨달았다. 고작 이 정도 공격으로도 힘든데, 이에 비하면 몇백 아니 몇 만 배의 공격을 받은 조국 전 장관과 이재명 대표는 얼마나 고통스러웠을까? 그것을 견뎌 내고 대응해 온 그분들에게 존경심이 들었다.

더욱 나를 힘들게 한 것은 회사를 통한 압력이었다. 중소벤처기업부가 즉각적으로 회사 전체에 대한 대대적인 감사에 들어가는 등, 함께 일했던 동료 직원들이 힘들어하는 모습을 보니 괴로웠다. 고작 이 정도 문제를 가지고 이렇게까지 해야 할 일인가? 권력을 총동원해서 이렇게까지 해야 하는가? 괜히 너무 당당했나? 그냥 혼나고 말 걸 그랬나 하는 생각까지 들었다. 그러나 아마 온순하게 답변했어도 국민의힘 의원들은 나를 그냥 놔두지 않았을 것 같다는 생각도 들었다.

국정과 정책을 논해야 할 소중한 국정감사 시간이 유창오에 대한 인신공격으로 할애되었고, 국민의힘 의원들은 이재명 후보의 특보였다는 이유로 나의 해임을 요구했다. 장관은 나를 공격하는 주장에 맞장구를 치며 조속히 나를 해임하겠다고 답변했다.

그리고 국정감사에서 장관이 답변한 것처럼 11월 1일에는 이사회를, 16일에는 주주총회를 열어 나를 해임했다. 해임 사유는, 내가 이재명 후보의 대선특보를 한 것은 겸직(이중 취업)에 해당되기 때문에 이사회 승인을 받아야 하는데 그러지 않았다는 것이다. 선거법 위반으로 문제를 삼고 싶었겠지만 그게 어려우니 사규에 있는 '임원인사규정'을 적용한 것이다. 하지만 이는 분명한 부당 해임이다. 대통령 후보자에게 특정 분야 전문가가 전문적인 문제나 주요 사안에 대해 필요할 때 조언 또는 답변하는 것이 흔히 말하는 대선 캠프 특보의 일인데, 그 정도의 일이 어떻게 이중취업이고 겸직이 된다는 말인가?

더구나 대선후보 특보는 현직 공무원이 임명되는 사례가 많아 과도한 남발이라는 말을 들을 정도로 흔한 일이었고, 무엇보다 계속적인 업무가 주어지는 위치가 아니다. 법원의 판례는 겸직의 요건은 계속성이라고 판시하고 있다. 그러나 대선 캠프의 특보는 계속성의 요건 중 어느 것도 충족하지 않는다. 따라서 겸직 제한의 대상이 아니고, 이사회의 승인이 필요한 사안도 아니며, 그것을 이유로 나를 해임하는 것은 부당한 일이다.

어쩌다가 우리가 사는 대한민국이, 우리가 힘들여 만들어낸 민주주의 세상에서 이렇게 과거 군사독재 시절의 모습으로 순식간에 돌아간 것일까? 나는 이 책을 쓰면서 가능한 한 객관적이고 중립적으로 정치를 바라보고 현실 정치에 대한 언급을 최소화하는 것을 첫 번째 원칙으로 삼았다. 하지만 원고를 마무리한 이후에 겪은 경험은, 지금 한국 정치가 얼마나 심각한 수준으로 나빠졌는지를 뼈저리게 느끼게 해주었다. 고작 3년도 안 되는 시간 동안 정치권을 떠나 있었는데, 그 사이에 한국 정치가 이렇게 나빠진 것일까? 이 책의 제목과 주제를 '정치 내전'이라고 잡았는데, 실제 지금 한국 정치는 조그만 사안을 가지고도 거의 전쟁 수준의 충돌을 벌이고 있는 '정치 내전' 상황이었다.

대한민국은 세계가 인정하는 성공한 나라이고, 그렇게 되는데 정치가 커다란 역할을 했다는 것이 내 생각이다. 그런데 지금은 정치가 사라졌다. 걸핏하면 시작되는 사정, 무난 통치, 검찰정권의 국정운영으로 정치, 경제, 언론은 물론 사회 전체가 숨죽이고 있다.

그래도 나는 대한민국 국민들의 정치적 역량을 믿는다. 조금이라도 권력이 오만하면 반드시 책임을 묻는 주권자로서의 권력의지를 여러 번 봐왔기 때문이다. 우리 국민들은 스스로의 민주적 역량으로 만들어 낸 지금의 정치 선진국, 경제 선진국이 갑자기 '자고 나니 후진국'으로 바뀌는 것을 용납하지 않을 것이다. 이 책 전체를 통해 강조했지만 진정으로 강한 나라는 국민이 강한 나라다. 그리고 국민이 강할 수 있는 유일한 길은 민주주의뿐이라고 나는 생각한다. 이제 우리 대한민국이 정치 내전의 위기를 넘어 민주주의를 회복하고, 다시 한번 선진국으로 도약할 원동력도 우리 국민들의 위대한 정치적 역량에 있다고 나는 믿고 있다.

참고자료

유창오, 《진보 세대가 지배한다》, 폴리테이아, 2011

______, 《정치의 귀환》, 폴리테이아, 2016

곽준혁, 《정치철학 1, 2》, 민음사, 2016

김동연, 《대한민국 금기 깨기》, 쌤앤파커스, 2021

김정호, 《킹달러의 미래》, 북오션, 2023

노무현, 《진보의 미래》, 동녘, 2009

문유석, 《개인주의자 선언》, 문학동네, 2015

변양균, 《경제철학의 전환》, 바다출판사, 2017

서병훈, 《민주주의 : 밀과 토크빌》, 아카넷, 2020

신정완, 《복지국가의 철학》, 인간과복지, 2014

이낙연, 《대한민국 생존전략》, 21세기북스, 2023

EBS 다큐프라임 〈민주주의〉 제작팀 · 유규오, 《민주주의》, 후마니타스, 2016

이상이, 《역동적 복지국가의 논리와 전략》, 밈, 2010

이상희, 《인류의 진화》, 동아시아, 2023

이황지, 《민주주의의 탄생 : 왜 지금 다시 토크빌을 읽는가》, 아카넷, 2018

장하석, 《장하석의 과학, 철학을 만나다》, 지식플러스, 2015

최병천, 《좋은 불평등》, 메디치미디어, 2022

최재천, 《다윈 지능》, 사이언스북스, 2012

최정규, 《이타적 인간의 출현》, 뿌리와이파리, 2009

함재봉, 《한국사람 만들기 3: 친미기독교파 1》, 에이치(H)프레스, 2020

대니얼 카너먼, 이창신 옮김, 《생각에 관한 생각》, 김영사, 2018
대런 애쓰모글루 · 제임스 A. 로빈슨, 최완규 옮김, 《국가는 왜 실패하는가》, 시공사, 2012
도모노 노리오, 이명희 옮김, 《행동 경제학》, 지형, 2007
레온 페스팅거, 김창대 옮김, 《인지부조화 이론》, 나남, 2016
로버트 케이건, 홍지수 옮김, 《밀림의 귀환》, 김앤김북스, 2021
리처드 도킨스, 홍영남 · 이상임 옮김, 《이기적 유전자》, 을유문화사, 2002
리처드 볼드윈, 엄창호 옮김, 《그레이트 컨버전스》, 세종연구원, 2019
마이클 린치, 성원 옮김, 《우리는 맞고 너희는 틀렸다》, 메디치미디어, 2020
마크 레빈슨, 최준영 옮김, 《세계화의 종말과 새로운 시작》, page2, 2023
마크 릴라, 전대호 옮김, 《더 나은 진보를 상상하라》, 필로소픽, 2018
막스 베버, 박문재 옮김, 《프로테스탄트 윤리와 자본주의 정신》, 현대지성, 2018
매트 리들리, 조현욱 옮김, 《이성적 낙관주의자》, 김영사, 2010
맥스웰 맥콤스, 황선영 옮김, 《아젠다 세팅》, 라이온북스, 2021
버나드 크릭, 이관후 옮김, 《정치를 옹호함》, 후마니타스, 2021
브랑코 밀라노비치, 서정아 옮김, 《왜 우리는 불평등해졌는가》, 21세기북스, 2017
블라디미르 레닌, 최호정 옮김, 《무엇을 할 것인가》, 박종철출판사, 2014
새뮤얼 보울스 · 허버트 긴티스, 최정규 등 옮김, 《협력하는 종》, 한국경제신문, 2016
스티븐 스미스, 오숙은 옮김, 《정치철학》, 문학동네, 2018
스티븐 핑커, 김명남 옮김, 《우리 본성의 선한 천사》, 사이언스북스, 2014
아리스토텔레스, 천병희 옮김, 《정치학》, 도서출판숲, 2009
아자 가트, 오숙은 · 이재만 옮김, 《문명과 전쟁》, 교유서가, 2017
야스차 뭉크, 함규진 옮김, 《위험한 민주주의》, 와이즈베리, 2018
앤드류 헤이우드, 조현수 옮김, 《정치학》, 성균관대학교출판부, 2014
앤서니 다운스, 박상훈 등 옮김, 《경제 이론으로 본 민주주의》, 후마니타스, 2013

에드워드 윌슨, 이한음 옮김, 《지구의 정복자》, 사이언스북스, 2013
에이미 추아, 김승진 옮김, 《정치적 부족주의》, 부키, 2020
오구라 기조, 조성환 옮김, 《한국은 하나의 철학이다》, 모시는사람들, 2017
장 자크 루소, 주경복 · 고봉만 옮김, 《인간 불평등 기원론》, 책세상, 2003
______, 김영욱 옮김, 《사회계약론》, 후마니타스, 2018
재레드 다이아몬드, 강주헌 옮김, 《어제까지의 세계》, 김영사, 2013
조너선 갓셜, 노승영 옮김, 《이야기를 횡단하는 호모 픽투스의 모험》 위즈덤하우스, 2023
조지 프리드먼, 홍지수 옮김, 《다가오는 유럽의 위기와 지정학》, 김앤김북스, 2020
______, 《다가오는 폭풍과 새로운 미국의 세기》, 김앤김북스, 2020
존 던, 강철웅 · 문지영 옮김, 《민주주의의 수수께끼》, 후마니타스, 2015
존 롤스, 황경식 옮김, 《정의론》, 이학사, 2003
존 J. 미어샤이머, 이춘근 옮김, 《강대국 국제정치의 비극》, 김앤김북스, 2017
______, 《미국 외교의 거대한 환상》, 김앤김북스, 2020
존 스튜어트 밀, 서병훈 옮김, 《자유론》, 책세상, 2005
찰스 굿하트 · 마노즈 프라단, 백우진 옮김, 《인구 대역전》, 생각의힘, 2021
찰스 아서, 이승연 옮김, 《소셜온난화》, 위즈덤하우스, 2022
카를 슈미트, 김효전 · 정태호 옮김, 《정치적인 것의 개념》, 살림, 2012
칼 폴라니, 홍기빈 옮김, 《거대한 전환》, 도서출판길, 2009
켄트 플래너리 · 조이스 마커스, 하윤숙 옮김, 《불평등의 창조》, 미지북스, 2015
토마스 홉스, 신식용 옮김, 《리바이어던 1, 2》, 나남, 2008
폴 크루그먼, 예상한 외 옮김, 《미래를 말하다》, 현대경제연구원BOOKS, 2008
프랜시스 매컬 로젠블루스 · 이언 샤피로, 노시내 옮김, 《책임 정당》 후마니타스, 2022
프랜시스 후쿠야마, 이상훈 옮김, 《역사의 종말》, 한마음사, 1997
______, 함규진 옮김, 《정치 질서의 기원》, 웅진지식하우스, 2012

______, 이수경 옮김, 《존중받지 못하는 자들을 위한 정치학》, 한국경제신문, 2020

______, 이상원 옮김, 《자유주의와 그 불만》, arte(아르떼), 2023

플라톤, 천병희 옮김, 《플라톤전집 4: 국가》, 도서출판숲, 2013

피터 터친, 이경남 옮김, 《초협력사회》, 생각의힘, 2018

Christopher H. Achen · Larry M. Bartels, 《Democracy for Realists : Why Elections Do Not Produce Responsive Government》, Princeton University Press, 2016

https://www.peoplepower21.org/Research/606252